Horoskop
2024
Widder

Alina A. Rubi und Angeline Rubi

Unabhängig veröffentlicht

Wer ist Widder?

Termine: 21. März - 19. April

Tag: Dienstag

Farbe: Rot

Element: Feuer

Kompatibilität: Löwe, Waage, Schütze und Wassermann

Symbol: ♈

Modalität: Kardinal

Polarität: Männlich

Herrschender Planet: Mars

Haus: 1

Metall: Eisen, Stahl

Quarz: Roter Jaspis, Rubin

Sternbild: Widder

Widder-Persönlichkeit

Das Zeichen des Widders ist das erste des Tierkreises, das sind die Menschen, die immer in die Zukunft projizieren, aber unter Berücksichtigung der Erfahrungen der Vergangenheit.

Menschen mit einer hohen Konzentration von Widder-Energie in ihrem Geburtshoroskop sind aktiv und energiegeladen. Sie sind immer in Bewegung, sehr unabhängig und sind Führungspersönlichkeiten par excellence.

Sie ergreifen gerne die Initiative und messen sich mit anderen, um ihre Fähigkeiten zu testen. In Notsituationen zeigen sie oft, wie kompetent sie sind, denn hier können sie ihre Energien testen.

Widder reden nicht um den heißen Brei herum, sie kommen direkt zur Sache und haben einen eisernen Willen, mit viel Mut Risiken einzugehen, da sie über ein großes Selbstvertrauen verfügen.

Schwierigkeiten existieren für sie nicht, und sie sind immer voller Optimismus vor jeder Herausforderung, die das Leben ihnen stellt; sie sind motiviert, unbekannte Gebiete zu erforschen und Projekte von Grund auf neu zu beginnen, obwohl sie in der Regel die Motivation verlieren, sobald die erste Phase vorbei ist.

Sie brauchen Ziele, in die sie ihre Energie investieren können, obwohl sie nicht beharrlich sind. Ihre Aggressivität ist eine der Eigenschaften, die ihnen in manchen Situationen hilft, aber in anderen vernichtet sie sie, weil sie sie blendet. Sie teilen den Optimismus und die Begeisterung, die für die anderen Feuerzeichen charakteristisch sind: Löwe und Schütze.

Sie gelten als das energischste Sternzeichen, immer bereit, gegen jedes Hindernis zu kämpfen, das sich ihnen in den Weg stellt. Sie halten nicht an der Vergangenheit fest und machen sich auch keine Gedanken über Dinge, für die es keine Lösung gibt.

Seine herausragendsten positiven Eigenschaften sind Freude, Optimismus, Autonomie, Stärke, Initiative und Selbstlosigkeit.

Stur zu sein ist eine ihrer Schwächen, sie sind nicht leicht zu überzeugen, selbst wenn man es ihnen zeigt, sind sie sehr hartnäckig. Wenn sie in diesen Zustand geraten, sind sie unflexibel und egozentrisch. Wenn ihnen etwas oder jemand in die Quere kommt und Verdacht erregt, oder sie stört, ändern sie sofort ihre Stimmung und geben nicht so leicht nach.

Allgemeines Horoskop für Widder

Das letzte Jahr war herausfordernd und aufregend. Es gab keinen einzigen eintönigen Moment. Das Leben schien hektisch und aufregend. Oberflächlich betrachtet sah es verrückt aus, aber dahinter verbarg sich ein tiefes geistiges Programm. Sie wurden und werden von allen Arten von Fesseln befreit.

Die Vorhersagen für Widder im Jahr 2024 deuten darauf hin, dass die erste Hälfte des Jahres voller Glück, Liebe und Wachstum sein wird. Aber in der zweiten Hälfte des Jahres kann es Probleme in Bezug auf Gesundheit, Geschäft, Liebesleben, Arbeit und vieles mehr geben.

In diesem Jahr 2024 könnten Sie einige gesundheitliche Probleme und ein Auf und Ab in Ihrer wirtschaftlichen Situation haben, aber im Grunde wird Ihre Gesundheit die Hauptsorge sein.

Auch in Ihrem Liebesleben gibt es Höhen und Tiefen, versuchen Sie, in Ihren Beziehungen Respekt zu bewahren.

Der Planet Merkur wird in der ersten Januarwoche direkt, und diese kosmische Veränderung betont Ihr soziales Leben während des ganzen Jahres. Sie erhalten in diesem Jahr, was Sie brauchen, um zu gedeihen, versuchen Sie, aufmerksam auf alle Möglichkeiten zu sein.

Widder, in diesem Jahr 2024 müssen Sie versuchen, in Ihrer Arbeit und Ihrem Engagement konsequent zu sein. Wenn du schon lange an einem Projekt arbeitest oder dich mit Begeisterung dafür eingesetzt hast, wird das Schicksal die Dinge zu deinen Gunsten wenden. Der Himmel wird eine Lawine von Positivität und Erfolg in Ihr Leben schütten.

Die planetarischen Einflüsse werden Sie der Liebe Ihres Lebens noch näherbringen, wenn Sie keinen Partner haben. Ihr Horoskop 2024 zeigt, dass Sie in diesem Jahr eine angenehme romantische Beziehung mit einem Partner führen werden. Es kann zu Missverständnissen und kleineren Konflikten kommen, aber im Großen und Ganzen werden Sie eine absolut glückliche Erfahrung machen.

Ihre familiären Bindungen werden zufriedenstellend sein. Sie werden die Möglichkeit haben, sich in allen

Lebenslagen auf Ihre Familie und Freunde zu verlassen. Es wird immer Meinungsverschiedenheiten und Meinungsverschiedenheiten mit den Menschen um Sie herumgeben, aber keine unangenehmen Überraschungen werden in Ihrem Horoskop 2024 entdeckt.

Erwarten Sie einige Veränderungen in Ihrem Beruf, aber Sie werden Arbeit und Geld haben, die wichtigsten Dinge in dieser Zeit der Rezession. Sie werden in allem, was Sie tun, leidenschaftlich und ehrgeizig sein. Monotonie wird es in Ihrem Leben nicht geben, und es wird so aufregend und üppig sein, wie Sie es sich wünschen und vorstellen können. Der einzige Ratschlag ist, dass Sie hart arbeiten und das Beste aus all den privilegierten Gelegenheiten machen sollten, die sich Ihnen im Laufe des Jahres bieten werden.

Sie sollten niemals impulsiv handeln, da dies Ihre Erfolgschancen schmälern könnte.

Liebe

Du musst lernen zu teilen, ohne zu ersticken. Das wird der wunderbare Schlüssel sein, der die Türen des Herzens deines gefühlvollen Partners oder der Person, die du erobern willst, öffnen wird.

Wenn Sie keine feste Bindung zu Ihrem Partner haben, wird jede Vollmondperiode Sie dazu motivieren, Ihre Beziehungsprioritäten neu zu bewerten, und Sie müssen vielleicht einige Veränderungen zum Besseren vornehmen. Sie werden sich stärker engagieren, wenn Sie die richtigen Entscheidungen treffen, oder Sie können sich von der Beziehung trennen, wenn Sie nicht glauben, dass sie eine Zukunft hat. Andererseits gibt es einige Beziehungen und Verbindungen, die nicht mehr gut für Sie sind, und Sie werden gezwungen sein, sie loszulassen oder ihnen zumindest nicht mehr so viel Zeit und Energie zu widmen.

Das Jahr endet für Sie auf einer zerbrechlichen Note, da Mars, Ihr herrschender Planet, am 6. Dezember 2024 in Ihrem Liebesbereich rückläufig ist.

Ende 2024 wird eine schwierige Zeit für die Liebe, und Sie werden Schwierigkeiten haben, Ihre Liebesbeziehungen zu managen, da alte Probleme wieder auftauchen und Sie möglicherweise ständige Streitereien mit Ihren Lieben haben.

Versuchen Sie, verständnisvoller und geduldiger zu sein und Ihren Frustrationen ein gesundes Ventil zu bieten.

Wirtschaft

Uranus bleibt das ganze Jahr über in Ihrem Finanzsektor und wird weiterhin Veränderungen in der Art und Weise herbeiführen, wie Sie Ihr Geld verwalten, Geld verdienen und Geld ausgeben.

Versuchen Sie, nach finanziellen Möglichkeiten Ausschau zu halten, und tun Sie alles, was Sie können, um diese herausfordernde Energie zu verkraften.

Vielleicht möchten Sie ein Hobby in etwas Gewinnbringendes umwandeln oder einen zweiten Job annehmen, um zusätzliches Geld zu verdienen. Das könnte Ihnen helfen, einige der Schwierigkeiten zu mildern und Schulden zu tilgen.

Sie werden finanzielle Gewinne aus Investitionen an der Börse erzielen. Sie werden in geschäftliche Unternehmungen investieren, z. B. in den Kauf eines Hauses oder eines Grundstücks zum Bau eines Hauses, und Sie werden einen Kredit abzahlen.

Die Wirtschaftsprognosen für das Jahr 2024 deuten darauf hin, dass Sie Gewinne aus Immobilien oder Grundstücken erzielen werden.

Andere werden Sie als selbstbewusster wahrnehmen und Ihnen vielleicht mehr Verantwortung anvertrauen. Vielleicht überträgt man Ihnen die Kontrolle über ein Projekt.

Es ist ein ausgezeichnetes Jahr, um sich für eine bessere Stelle zu bewerben, auch wenn diese eine höhere berufliche Qualifikation erfordert.

Es gibt Zeiten im Jahr, in denen Veränderungen, Verluste oder Rückschläge absehbar sind, die Sie dazu veranlassen, neue Strategien für Ihre Zukunft zu erwägen. Diese ungünstigen Situationen entziehen sich Ihrer Kontrolle und sind eine Reaktion auf die allgemeinen wirtschaftlichen Bedingungen.

Das Jahr 2024 schließt mit einem Neumond am 30. Dezember in Ihrem beruflichen Bereich, und dieser Mond wird Ihnen helfen, für 2025 auf Kurs zu kommen.

Setzen Sie sich neue Ziele und suchen Sie eifrig nach Möglichkeiten, das nächste Jahr spektakulär zu gestalten.

Familie

Vielleicht verbringen Sie mehr Zeit zu Hause und versuchen, Ihr Familienleben in den Griff zu bekommen, und vielleicht ist dies ein Jahr, in dem Sie Ihr Haus renovieren oder umziehen wollen.

Nutzen Sie die Neumondphasen, um Ihr Leben zu Hause zu verbessern oder mehr Zeit zu Hause oder an Orten zu verbringen, die sich wie ein Zuhause anfühlen. Sie haben vielleicht die Gelegenheit, etwas mit Ihrer Familie oder jemandem, den Sie als Familie betrachten, zu unternehmen, und das kann aufregend sein.

Sie werden finanzielle Stabilität in der Familie haben. Wenn Sie sparen und planen, werden Ihre Mittel zum Glück Ihrer Familie beitragen. Sie werden die Gelegenheit haben, neue Freunde zu finden, und vielleicht gibt es nach dem März 2024 Familienzuwachs durch eine Geburt oder Heirat.

Sorgen um Ihre Ernährung und Schlafstörungen aufgrund der Arbeitsbelastung können Sie sehr beunruhigen.

Widder Gesundheit

Es wäre ein Fehler, an eurer mächtigen Energie zu zweifeln, aber das ist ein Problem, weil ihr denkt, dass ihr keine Grenzen habt, und diese Denkweise führt euch immer dazu, sie zu missbrauchen. Ihr missbraucht eure körperlichen Möglichkeiten, als wärt ihr Herkules und nicht ein einfacher Sterblicher.

Tatsache ist, dass sowohl Ihr Körper als auch Ihr Geist Ruhe und Pflege brauchen, um optimal zu funktionieren.

Sie werden einige wichtige gesundheitliche Probleme in Ihrem Leben haben, nicht nur körperlich, sondern auch geistig. In diesem Jahr 2024 solltest du auf deine Gesundheit achten, denn viele Hindernisse werden deinen Weg kreuzen.

Es handelt sich vielleicht nicht um eine körperliche Verletzung oder Störung, aber Ihre geistige Gesundheit ist auf dem Höhepunkt, und es wird Ihnen schwerfallen, die Dinge in Ihrem Leben geistig zu bewältigen.

Sie werden vor großen Herausforderungen stehen und so frustriert sein, dass es Ihnen schwerfallen wird, sie zu überwinden.

Sie müssen Ruhe in Ihr Leben bringen, Ihre Wutprobleme beiseiteschieben und alles tun, was Sie können, um Stress abzubauen.

Sie müssen giftige Menschen meiden, die Ihnen Stress verursachen, und ein gesundes Leben führen. Wenn Sie rauchen und trinken, müssen Sie damit aufhören.

Machen Sie Yoga und Übungen, um Ihren Geist zu beruhigen. Sie müssen diese Dinge das ganze Jahr über konsequent tun, um Stress abzubauen und chronische Gesundheitsprobleme zu vermeiden.

Wichtige Termine

- *Merkur wird vom 1. bis 25. April im Widder rückläufig, und am 8. April findet eine Sonnenfinsternis im Widder statt. Merkur rückläufig in deinem Zeichen kann eine frustrierende Zeit sein, wenn kleine Unannehmlichkeiten aus dem Nichts auftauchen und du ständig gereizt sein kannst. Sie sollten generell geduldiger sein und versuchen, sich im Vorfeld darauf vorzubereiten, indem Sie kleine Steine aus dem Weg räumen, damit sie nicht wie ein Problem wirken.*

- *Am 17. Oktober ist Vollmond im Widder, und das kann eine emotional aufgeladene Zeit sein, aber auch eine Zeit der Ergebnisse. Du wirst mehr im Einklang mit deinen Gefühlen sein und eher bereit sein, sie zu zeigen.*

- *Mars, Ihr herrschender Planet, wird am 6. Dezember rückläufig und beendet das Jahr rückläufig. Das hat zusätzliche Auswirkungen auf Dich, denn Mars ist Dein herrschender Planet, und immer wenn Mars rückläufig ist, kannst Du Dich träge fühlen. Seien Sie gut zu sich selbst und lassen Sie sich nicht von Frustrationen in die Verzweiflung treiben. Geben Sie Ihren Plänen etwas mehr Flexibilität. Dies gilt auch für das neue Jahr, da Mars bis zum 23. Februar 2025 rückläufig sein wird.*

-

Monatliche Horoskope für Widder 2024

Januar 2024

In diesem Monat könnten Sie sich von Zweifeln geplagt fühlen, und mehr als einmal werden Sie vor der schwierigen Aufgabe stehen, sich zwischen zwei oder mehreren Optionen zu entscheiden. Wahrscheinlich ist einer der Gründe für Ihre inneren Zweifel die Tatsache, dass Sie so viel Wert auf die Meinung der Menschen um Sie herum legen.

Dieser Einfluss führt auch zu Problemen, die mit Dokumenten, der Justiz oder Papierkram im Allgemeinen zu tun haben. Wenn Sie sich mit einer rechtlichen oder bürokratischen Angelegenheit befassen müssen, werden Sie eine schnelle Lösung finden. Wenn Sie einen Rechtsstreit anstrengen, werden Sie ihn wahrscheinlich mit relativer Leichtigkeit beilegen können.

Die Menschen in Ihrer Umgebung werden sagen, dass Sie attraktiver aussehen. Das liegt an Ihrem Interesse an der Verbesserung Ihres persönlichen Aussehens, das Sie dazu bringt, sich zu verschönern, indem Sie Ihren Haarschnitt, Ihren persönlichen Stil und Ihre Kleidung ändern. Es besteht eine starke Tendenz, Ihre Persönlichkeit zu verfeinern und sich um Ihren Körper zu kümmern. Was die Gesundheit anbelangt, so müssen Sie sich um Ihre Nieren und die Drüsen, die Giftstoffe ausscheiden, kümmern.

Trotz Ihres Wunsches nach Gleichgewicht und Harmonie wird das Schicksal Ihnen impulsive und autoritäre Menschen in den Weg stellen, mit denen Sie zu tun haben werden. Einer von ihnen kann Ihr eigener Partner sein oder ein Partner, wenn Sie einen haben, der dazu neigt, sehr dominant und fordernd zu werden, was zu Konflikten und Streitereien führen wird.

Sie lieben Ihren Partner, aber Sie sind nicht immer in der Lage, ihm oder ihr so viel Zeit zu widmen, wie er oder sie es sich wünscht. Dies ist ein Monat, in dem Sie berufliche oder familiäre Verpflichtungen opfern sollten, um mehr Zeit für die Liebe zu haben. Planen Sie ein besonderes Abendessen an einem exklusiven Ort oder einen romantischen Abend. Die unmittelbare Zukunft scheint sehr vielversprechend zu sein. Wenn Sie sich auf Ihren Arbeitsbereich konzentrieren, werden Sie mehr Jobangebote, mehr Arbeit und Erfolgschancen haben.

Dies könnte ein Glücksmonat sein, in dem Sie feststellen, dass Sie bei einem Vorstellungsgespräch erfolgreich waren und den Job Ihrer Träume bekommen haben.

Diejenigen, die sich in ärztlicher Behandlung befinden, müssen ihre Medikamente einnehmen, sonst wird es ihnen nicht besser gehen, da Mars in den Fischen ihre Abwehrkräfte schwächt.

Sie müssen lernen, ihre Ängste zu kontrollieren und sich zu konzentrieren, denn die Gefahr, Fehler zu machen, ist groß.

Glückszahlen
3 - 6 - 9 - 11 – 13

Februar 2024

Versuchen Sie, niemanden zu quälen, denn aufgrund der Energien dieses Monats werden Sie derjenige sein, der von anderen gequält wird. Wenn ihr ihnen nur den geringsten Raum gebt, werden sie euren ganzen Boden besetzen.

Ihr müsst eure Füße fest auf den Boden stellen, damit sie euch nicht über den Haufen laufen.

Rechtliche Dokumente im Zusammenhang mit Ihrem Unternehmen oder der Einwanderung müssen in diesem Monat möglicherweise überprüft werden. Sie haben vielleicht eine Menge Dokumente zu ordnen. Werden Sie nicht ungeduldig, suchen Sie jemanden, der sich besser auskennt, und versuchen Sie, sich alles erklären zu lassen.

Die Liebe kann wie eine Rose aussehen, wunderschön, aber mit Dornen, die dich möglicherweise verletzen können. Achten Sie darauf, dass Sie sich nicht in eine Lage bringen, in der Sie unnötig verletzt werden könnten.

Das Beste, was Sie tun können, ist, die Fallstricke der Liebe zu vermeiden und gleichzeitig ihre Schönheit zu schätzen.

Es macht keinen Sinn, sich über Menschen zu ärgern, die gegen Sie sind, und zu versuchen, mit ihnen zu kämpfen. Ihr werdet nicht in der Lage sein, sie zu besiegen, daher ist es das Beste, sich ihnen anzuschließen. Es ist an der Zeit, Frieden zu schließen und die Gemeinsamkeiten und nicht die Unterschiede zu finden.

In diesem Monat haben Sie es mit einer einzigartigen Situation zu tun, was Ihre Schulden und das Geld anderer Leute betreffen. Ein Teil von Ihnen möchte Fortschritte machen und Schulden abbezahlen, aber ein anderer Teil hält Sie vielleicht davon ab, zu handeln.

Denken Sie daran, dass Sie mit einer proaktiven Haltung und der Übernahme all Ihrer Verantwortung kurz- und langfristig die besten Ergebnisse erzielen.

Es muss etwas passieren, und das wird es wahrscheinlich auch. Sie müssen nur den letzten Schritt tun. Scheuen Sie sich nicht, Ihren Charme und Ihre Entschlossenheit einzusetzen.

Du bist viel näher dran, als du denkst. Du hast hart gearbeitet, um dorthin zu gelangen, wo du jetzt bist, und diesen Monat ist es an der Zeit, dieses Ziel zu erreichen.

Es ist auch ein guter Monat, um Behandlungen zu entdecken, die Ihren Körper entspannen und Ihre Stimmung verbessern. Eine Massage mit ätherischen Ölen kann ein himmlisches Erlebnis sein und wird Ihnen guttun, wenn Sie sich erschöpft fühlen.

Glückszahlen

8 - 15 - 18 - 24 - 36

März 2024

Du befindest dich in einer Phase deines Lebens, die voller Versprechen und Möglichkeiten in Bezug auf die Liebe ist. In diesem Monat könnten Sie die ersten Anzeichen dieser neuen Energie spüren, warum also nicht etwas anderes tun, um zu feiern? Je mehr

Sie diese Momente ausnutzen, desto mehr werden Sie dafür belohnt.

In diesem Monat sollten Sie Zeit, Energie und vielleicht auch ein wenig Geld in ein kreatives Projekt investieren. Das könnte auch mit moderner Technologie zu tun haben, mit künstlicher Intelligenz? Sie könnten mehrere Kollegen haben, die mit Ihnen an diesem Projekt arbeiten wollen, und so wird sich der ganze Plan als sehr spannend erweisen.

Versuchen Sie, die praktischen Details nicht aus den Augen zu verlieren, sonst kommen Sie nie in Gang. Die Macht liegt bei Ihnen. Manche Leute werden bei Ihnen Antworten suchen, und Sie werden sie ihnen gegen Bezahlung geben. Es kann zu Spannungen zwischen Ihrer freien Zeit und Ihrem Image kommen. Ein gewisser Druck in Ihrem beruflichen Reise- und Bildungsbereich deutet darauf hin, dass Sie darüber nachdenken werden, wo Sie Ihre Fähigkeiten und Fertigkeiten ausbauen könnten.

Sie neigen zur Schwächung Ihres Organismus, zu mangelnder Vitalität und allgemeiner Müdigkeit. Sie sollten Ihre Ernährung in diesem Monat nicht vernachlässigen, um die Anfälligkeit für Krankheiten zu vermeiden. Seien Sie positiv eingestellt und vermeiden Sie hypochondrische Tendenzen.

Ihr wirtschaftlicher Verdienst wird von einer Partnerschaft, einem Vertrag oder Ihrem Ehepartner abhängen. Sie werden sich sicherer fühlen, wenn Sie an einem gemeinsamen Projekt mit jemandem arbeiten, der Ihnen nahesteht und dem Sie vertrauen können.

Sie werden wahrscheinlich die finanzielle Unterstützung erhalten, die Sie brauchen, aber seien Sie vorsichtig mit den Verträgen, die Sie unterschreiben.

Es besteht die Möglichkeit, dass Sie in einen Rechtsstreit verwickelt werden. Der Verdienst Ihres Partners wird Ihre eigene Stabilität unterstützen. Es besteht die Gefahr von Unfällen oder Problemen auf Kurzreisen.

Sie sollten mit den Verpflichtungen und Verträgen, die Sie in diesem Monat eingehen, vorsichtig sein. In addition, some relationships by correspondence or social networks may end.

Sie werden eine Transformation und tiefgreifende Veränderungen in Ihrem Zuhause erleben. Ihr Verhältnis zu seinen Bestandteilen wird anders sein, und Sie werden mehr autoritäre Verhaltensweisen entwickeln. Sie werden sich gegen jede Art von Manipulation wehren und aggressiv auf Einschränkungen Ihrer eigenen Freiheit reagieren. Es ist wahrscheinlich, dass es zu familiären Brüchen, Trennungen oder Verlusten kommt.

Glückszahlen
3 - 14 - 18 - 22 - 27

April 2024

Sie werden in diesem Monat sehr häufige und schnelle Stimmungswechsel erleben. Manchmal sind Sie in der Lage, sich leicht an die Anforderungen Ihrer Umgebung anzupassen, aber später kann Sie jede Kleinigkeit stören. Das macht es Ihnen schwer, sich an Gruppenaktivitäten, an der Arbeit und in der Familie zu beteiligen. Sie werden sehr empfindlich sein, und Ihre Sensibilität wird übertrieben sein, was dazu führt, dass Sie leicht gereizt werden.

Sie werden weder sehr logisch noch kohärent bei Ihren Entscheidungen sein, weil Ihre Gefühlswelt die Hauptrolle spielen wird. Ihre Urteile könnten auf der Stimmung des Augenblicks beruhen und nicht auf Ihrem Verstand, was dazu führen wird, dass Sie den Grund für Ihre Entscheidungen in Frage stellen.

Wenn Sie eine größere Veränderung in Ihrem Leben vornehmen müssen, sollten Sie mehrere Male darüber nachdenken, bevor Sie eine endgültige Entscheidung treffen.

Auf der psychologischen Ebene müssen Sie sich mit Problemen oder Erinnerungen aus Ihrer Kindheit auseinandersetzen, und Sie beginnen zu verstehen, wie diese in Ihrem Erwachsenenleben auftreten. Sie werden Ihr kindliches oder zwanghaftes Verhalten analysieren müssen. Wenn Sie sich in einer Therapie befinden, werden Sie davon sehr profitieren.

Ihr Geist kann durch stressige Situationen oder totale Veränderungen um Sie herum überwältigt werden. Sie werden Ihre Denkweise ändern und sich von Tabus oder anderen unterdrückenden Gedanken befreien, die vielleicht in Ihnen existieren. Ihre Ideen werden von den Menschen in Ihrer Umgebung nicht vollständig verstanden oder akzeptiert werden und zu Meinungsverschiedenheiten und Veränderungen in Ihrer Kommunikationsebene führen.

Ihr soziales Leben wird erfüllend sein. Sie werden viele lustige und glückliche Momente mit Ihren Freunden teilen. Ihre Popularität wird zunehmen, und Ihre soziale Welt wird sich erweitern. Sie werden viele neue Projekte entwickeln, die Ihre Zukunft verbessern werden. Es besteht die Möglichkeit, dass aus einer Freundschaft eine Romanze wird.

Wenn Sie Kinder haben, dann werden Sie eine engere Beziehung und Freundschaft zu ihnen aufbauen.

Einige gesundheitliche Probleme, die Sie in der Vergangenheit hatten, werden wieder auftauchen. Es ist sinnvoll, dass Sie an Ihren Gewohnheiten und Gebräuchen arbeiten und diejenigen ablegen, die Ihre Gesundheit beeinträchtigen könnten. Es ist günstig, dass Sie Ihrer Ernährung und der Hygiene Ihres Körpers große Aufmerksamkeit schenken. Diese astrologische Indikation führt dazu, dass Sie unter chronischen Krankheiten leiden, die, wenn sie schwerwiegend sind, zu einem Krankenhausaufenthalt führen oder Ihre Freiheit einschränken können.

Glückszahlen

3 - 12 - 19 - 23 – 34

Mai 2024

Ihre Arbeitssituation wird sich tendenziell verbessern und angenehmer werden. Ihr Verhältnis zu Ihren Arbeitskollegen, Untergebenen und Chefs wird harmonischer und glücklicher sein. Ihre Arbeit wird Ihnen Spaß machen und Sie werden den ganzen Monat über größere Vorteile haben; es wird Verbesserungen bei Ihrem Gehalt geben.

Ihre Gesundheit wird gut sein, und Sie werden sich von allen Beschwerden erholen können, die Sie erlitten haben. Es besteht jedoch eine große Neigung, leicht in Exzesse zu verfallen, die das erreichte Gleichgewicht stören könnten. Achten Sie auf Ihre Ernährung, insbesondere auf die Menge, die Sie essen. Vermeiden Sie Fette, frittierte Speisen und andere

Lebensmittel, die Ihre Leber angreifen können. Vermeiden Sie auch Süßigkeiten und Zucker, da Sie in diesem Monat leichtzunehmen können.

Ihre Hoffnungen und Wünsche, in Ihrer Welt der Liebe Zufriedenheit und Glück zu finden, werden zunehmen. Wenn Sie bereits einen Partner haben, wird es sich um eine kameradschaftliche Beziehung handeln. Wenn Sie keinen Partner haben, werden Sie wahrscheinlich eine Person durch Freunde oder bei einem gesellschaftlichen Treffen kennenlernen.

Neue Chancen in Ihrem Leben und die Begegnung mit einer Frau, die die gleichen Interessen hat wie Sie. Sie ist eine charismatische Person, die dank ihres Berufs große soziale Anerkennung genießt. Sie dürfte Ende des Monats unerwartet in dein Leben treten. Diese Person könnte einen großen Einfluss auf Ihr Leben haben und Sie dazu bringen, einen neuen Weg einzuschlagen.

In diesem Monat öffnet sich eine Tür in Ihrem Leben. Eine Tür, von deren Existenz du bisher nichts wusstest. Diese Tür ist ein neuer Weg, der dich auf einen glücklicheren Pfad führen wird. Du wirst den Ursprung dieser Tür finden, indem du in deine Vergangenheit eintauchst. Was Sie erleben werden, wird eine Reise in die Vergangenheit sein. Du wirst in ein Ereignis eintauchen, das vielleicht den Rest deines Lebens erschüttern wird.

Sie werden sehr intensive und tiefe Gefühle erleben, die aus dem Innersten Ihrer Psyche aufsteigen. Es ist wahrscheinlich, dass Sie keine vollständige Kontrolle über sich selbst haben und dass Ihre Gefühle Sie zu extremen Handlungen treiben werden. Wenn Sie eine stabile emotionale Beziehung haben, werden Sie gemeinsam Szenen von Eifersucht, Machtkämpfen oder Manipulation erleben. Wenn Sie keinen Partner haben, ist es wahrscheinlich, dass Sie während dieser Zeit eine intensive und unwiderstehliche Beziehung eingehen werden, mit Gefühlen, die Sie noch nie zuvor erlebt haben.

Glückszahlen

1 - 9 - 11 - 30 - 32

Juni 2024

In Ihrem Arbeitsbereich kann es zu verwirrenden Problemen und Missverständnissen kommen. Ihr Verhältnis zu Ihren Vorgesetzten und Arbeitskollegen wird eher schwierig sein, weil es Ihnen nicht leichtfällt, allzu praktische oder einschränkende Anweisungen zu befolgen oder zu verstehen.

Es wird auch das Problem der Neid, Klatsch, Klatsch, oder Unehrlichkeit in Ihrem Arbeitsumfeld sein. Sie werden in einigen Menschen enttäuscht sein und vielleicht in der Arbeit selbst, aber Sie müssen mehr als einmal jede mögliche Änderung zu meditieren, um Fehler in Ihrer Entscheidung zu vermeiden.

Sie sollten sich um Ihre Gesundheit kümmern. Es gibt eine Tendenz zu bestimmten Störungen in Ihrer Ernährung, die zu Vergiftungen führen können, insbesondere bei Getränken, und die Möglichkeit, an schwer zu diagnostizierenden Krankheiten zu leiden. Diese werden mit Ihren emotionalen Problemen in Verbindung gebracht, was wiederum zu einer Fehldiagnose führen kann. Vermeiden Sie die Einnahme von Medikamenten, wenn Ihre Krankheit nicht klar und eindeutig ist. Suchen Sie nach natürlichen Lösungen, um Ihren Organismus nicht zu belasten. Außerdem neigen Sie in dieser Zeit zu einer Zunahme der Laster, so dass Mäßigung zu empfehlen ist.

Sie werden sich vieler Dinge bewusstwerden, die in Ihrem Unterbewusstsein waren, und Sie werden eine neue Einstellung zum Leben gewinnen. Ihre Wahrnehmungsfähigkeit wird größer, und Sie werden sich für Themen interessieren, die ein gewisses Geheimnis bergen.

In diesem Monat könnten Sie auf überraschende und unerwartete Weise Erbschaften oder vererbte Vermögenswerte erhalten.

Plötzliche Probleme können auch in einem rechtlichen Verfahren auftreten. Wenn Sie einen Scheidungsprozess durchlaufen, könnte dies zu finanziellen Verlusten oder unangenehmen Überraschungen führen.

Außerdem besteht die Gefahr von Unfällen aufgrund von Geschwindigkeit oder Elektrizität. Seien Sie vorsichtig und fahren Sie nicht schnell, wenn Sie nervös oder in Eile sind.

Sie könnten mit Ihren beruflichen Erfolgen unzufrieden sein und werden daher Veränderungen in Ihrem Arbeitsleben vornehmen. Diese Veränderungen können impulsiv oder unbewusst sein, was Sie später bereuen könnten. Versuchen Sie, rational zu sein und Ihre Impulse zu mäßigen.

Möglicherweise erhalten Sie harsche Kritik oder Klatsch über Ihre berufliche Leistung. Diese Kommentare werden oft von Frauen oder Familienmitgliedern kommen.

Glückszahlen
7 - 10 - 20 - 32 - 36

Juli 2024

Lassen Sie Konflikte los, dies ist ein guter Monat, um einen Weg des Friedens in der Partnerschaft zu gehen.

Bei der Arbeit können neue Vorschläge oder Ideen entstehen, lassen Sie sich nicht einschüchtern und versuchen, ohne Wetten alles. Der Weg zum Glück ist mit guten Momenten, die viele Male verlieren Sie denken über die Zukunft, die Programmierung Ihrer Schritte und die Bewertung der Kosten und Gewinne übersät.

Es wird sich eine große finanzielle Chance ergeben, die es Ihnen ermöglicht, Ihr Vermögen zu vermehren, wenn Sie mit klarem Blick auf Ihre wirklichen Ziele handeln.

Obwohl diejenigen, die in diesem Monat einen Partner haben, Gefahr laufen, eine Trennung durch Dritte zu erleiden, werden Sie unter allgemeinen Bedingungen die Ruhe zu Hause genießen.

Sie müssen die nötige Aufmerksamkeit aufbringen und in der Gegenwart sein, damit Sie die Zufälle nutzen können, diese unerwarteten Wunder, diese Zufälle, die manche als Synchronisationsschicksal und andere einfach als Glück bezeichnen. Nutzen Sie das Gesetz der Anziehung, um Ihr Schicksal Tag für Tag neu zu gestalten und das Geld und das Glück zu erreichen, das Sie brauchen.

Diese Zeit, die ihr durchlebt, verlangt nach einer Veränderung, die ihr durch die Umwandlung eures inneren Selbst erreicht, indem ihr euch selbst besser kennenlernt und versteht, dass das Streben nach

Selbsterkenntnis der grundlegende Schlüssel zu eurem Erfolg ist.

Ihre Leistung bei der Arbeit könnte in diesem Monat nachlassen. Versuchen Sie, Ihre Verantwortung nicht zu vernachlässigen und effizienter zu sein. Unter Ihren Arbeitskollegen wird wahrscheinlich ein gewisser Neid oder Feindschaft aufkommen.

Sie werden den großen Wunsch verspüren, Ihre eigenen Grenzen zu überwinden, sowohl geistig als auch körperlich. Einerseits werden Sie danach streben, Ihr Wissen zu erweitern, und Sie werden in der Lage sein, Studien oder intellektuelle Aktivitäten zu unternehmen, die Sie schon immer interessiert haben. Andererseits verspüren Sie ein großes Verlangen, ins Ausland zu reisen.

Wenn Sie eine Reise planen, ist dies der Monat, in dem Sie den Termin suchen und alle Pläne für die Durchführung dieser Reise machen. Wenn Sie planen, in einem anderen Land zu leben, ist dies der richtige Zeitpunkt, um abzuheben.

Glückszahlen
8 - 16 - 19 - 21 – 26

August 2024

In diesem Monat sind Ihre Möglichkeiten, durch eigene Anstrengungen Geld zu verdienen, verbessert. Sie sollten Ihren Ideen und Ahnungen vertrauen, wo und wie Sie Ihr Geld investieren. Dies ist eine Zeit des finanziellen Erfolgs. Sie werden sich sehr um Ihr Heim und Ihre Familie kümmern. Sie streben nach der Stabilität, nach der Sie sich immer gesehnt haben, und Sie werden entsprechend investieren. Ihr Leben wird in dieser Zeit eher sesshaft sein und Sie werden sich an Ihrem derzeitigen Wohnort niederlassen. Der Kontakt zu Ihren Eltern wird intensiver und Ihr Wunsch, Ihre eigene Familiengeschichte genau zu kennen, wird zunehmen.

Durch egoistisches oder aggressives Verhalten können Sie in Konfrontationen oder Streit mit Ihren Freunden geraten. Versuchen Sie, nicht so schnell die Geduld zu verlieren; versuchen Sie auch nicht, Ihre Ideen durchzusetzen.

Sie werden sich besser fühlen, wenn Sie eine körperliche Aktivität oder einen Sport mit ihren Freunden teilen, als wenn Sie versuchen, mit ihren Meinungen zurechtzukommen.

Wenn Sie an einer Gruppenaktivität teilnehmen, werden Sie wahrscheinlich auch Situationen erleben, in denen es zu Spannungen und

Meinungsverschiedenheiten kommt; Sie können leicht nachtragend werden oder sich von anderen Mitgliedern derselben Gruppe angegriffen fühlen.

Du wirst einen Strom der Hoffnung und Energie spüren, um die Wünsche deines Lebens zu verwirklichen. Sie werden mit Entschlossenheit handeln, und Ihre entschlossene Haltung wird mit großer Überzeugungskraft auf andere übertragen werden; folglich können Sie ein Anführer der Gruppe werden.

Versuchen Sie, Ihre Arbeitsprobleme nicht mit nach Hause zu nehmen. Essen Sie natürliche Lebensmittel und achten Sie auf Ihre Gesundheit, denn in diesem Monat ist Ihr Verdauungssystem gefährdet.

Stress kann sich auf Sie auswirken, aber es kann auch angenehme Überraschungen geben, passen Sie auf, wenn Sie kein Baby bestellen wollen.

Verschwenden Sie Ihre Kraft nicht an unnötige Dinge. Anstatt zu kritisieren, zu hassen, sich zu rächen und zu fluchen, denken Sie daran, dass diese Energien besser in das Streben nach Erfolg investiert sind.

Stabilität in jeder Situation zu erreichen, ist schwieriger, als Sie denken. Sie werden vielleicht feststellen, dass der beste Weg, ein Gleichgewicht an

Ihrem Arbeitsplatz herzustellen, darin besteht, die Dinge auf die Spitze zu treiben. Nur wenn Sie beide Seiten der Medaille kennen, werden Sie in der Lage sein, ein Gleichgewicht zu erreichen.

Glückszahlen
6 - 15 - 16 - 17 - 18

September 2024

Eine sehr gute Zeit, um die Liebe zu genießen und Vereinbarungen zu treffen, die Ihre Zukunft festigen werden. Diejenigen, die alleinstehend sind, werden in ihren Herzen die nutzlose Erinnerung an eine vergangene Liebe tragen, die einen emotionalen Verschleiß verursachen wird, der sie weiterhin beeinflussen wird und ihnen nicht erlauben wird, darüber hinauszuschauen.

Missbräuchlich eingesetzte Energie schadet Ihnen mehr als dem, auf den Sie sie lenken. Konsequente Arbeit und Komplizenschaft ziehen das Glück von selbst an und führen zu größeren Gewinnen und schnellerem Wachstum als der harte und traurige geborgte Weg, auf dem Dunkelheit herrscht und es keine wirklichen Ziele gibt, geschweige denn Wegweiser oder Inspiration.

Vergeuden Sie Ihre Tage nicht mit der Verfolgung von geliehenen Träumen und Liebschaften, die Ihrer Eigenart fremd sind.

Ein wichtiges Ziel, das sich auf das Geschäft oder die Finanzen bezieht, erfordert Ihre volle Aufmerksamkeit. Sie werden wahrscheinlich die meiste Zeit des Monats damit verbringen, da es eine Frist gibt. Sie müssen jedoch aufpassen, dass Sie sich nicht in Ihrem Streben nach Perfektion verstricken und sich dadurch stressen lassen.

Manchmal kann die aufdringliche Aufmerksamkeit den eigentlichen Zweck Ihrer Arbeit sabotieren. Bleiben Sie konzentriert und arbeiten Sie in Ihrem eigenen Tempo.

Auch wenn es schön ist, äußerlich gut auszusehen, haben Sie vielleicht die Entschlossenheit, Gesundheitspraktiken und Ernährungspläne zu verfolgen, die Sie von innen heraus verjüngen können. Wenn Sie das durchziehen, können Sie dieses besondere Strahlen haben, das auf eine strahlende Gesundheit hinweist.

Wenn Sie genau das wollen, sollten Sie sich mit jemandem zusammentun, der Sie berät und Ihnen hilft, auf dem richtigen Weg zu bleiben.

Das Universum drängt Sie, Entscheidungen zu treffen, die Sie schon eine Weile aufgeschoben haben. Wenn du dich beruflich verändern willst, ist es jetzt an der Zeit, es in Angriff zu nehmen.

Wenn Sie das Gefühl haben, dass Sie herausgefordert werden, atmen Sie tief durch und zügeln Sie Ihre Impulse zu reagieren. Am besten ist es, wenn Sie geduldig mit sich selbst sind, und in diesem Monat sind es genau diese Geduld und Toleranz, die Sie brauchen, um jede Situation zu meistern. Denken Sie daran, vorher zu denken und nachher zu handeln.

Glückszahlen
2 - 9 - 10 - 13 - 17

Oktober 2024

Manche Romanzen kommen nie zustande, weil beide Parteien schüchtern sind und Angst haben, ihre Gefühle auszudrücken. Wenn Sie glauben, dass dies auf Sie zutrifft, könnte dieser Monat ein guter Zeitpunkt sein, um Ihre Gefühle zu zeigen. Obwohl es beängstigend sein kann, sensibel zu sein, könnten Sie es mehr bedauern, wenn Sie schweigen.

Die Arbeit von zu Hause aus wird in diesem Monat die Lösung für Sie sein. Sie werden körperliche und geistige Müdigkeit spüren.

Vielleicht können Sie in dieser Zeit in Ihrer eigenen Umgebung besser funktionieren, ohne sich mit Verkehrs- und Parkplatzproblemen herumschlagen zu müssen. Sie neigen dazu, sehr gewissenhaft zu sein, wenn es um die Arbeit geht, und das wirkt sich manchmal gegen Sie aus.

Sie werden Nachrichten erhalten, die sich auf den Ort, an dem Sie arbeiten, oder auf die Menschen, mit denen Sie zusammenarbeiten, beziehen. Diese Nachrichten könnten Zweifel an Ihrer Zukunft dort aufkommen lassen.

Sie haben vielleicht das Gefühl, dass Sie nicht weiterkommen. Sie könnten einen Arbeitsplatzwechsel oder sogar einen Berufswechsel in Erwägung ziehen. Jemand könnte Ihnen eine Möglichkeit vorschlagen, die Sie noch nie in Betracht gezogen haben. Denken Sie darüber nach, aber treffen Sie vor dem nächsten Monat keine Entscheidung.

In diesem Monat betreffen bestimmte Aspekte Ihren Bereich des Geldes. Dieser Bereich deines Lebens ist betroffen, und du bist vielleicht gezwungen, dich zu konzentrieren, fast gegen deinen Willen. Dein Sparen und Verdienen werden auf den Prüfstand gestellt. Sie müssen vielleicht Wege finden, die Dinge besser zu machen.

Sie sind verwirrt. Sie haben eine vorgefasste Meinung von den Dingen, eine Sichtweise aus Ihrer eigenen Perspektive, die sehr begrenzt ist. Das ist ein großer Nachteil für Sie, wenn es um Kommunikation und die allgemeine Dynamik am Arbeitsplatz geht. Öffnen Sie die Augen.

Nutzen Sie die Schwäche eines anderen aus. Bei der Arbeit kommt jemand ins Straucheln. Es fällt ihm schwer, eine Aufgabe zu erledigen oder mit jemandem zu kommunizieren.

Das ist eine Gelegenheit für Sie, die Dinge selbst in die Hand zu nehmen und zu zeigen, dass Sie das Kommando übernehmen können.

Die Anziehungskraft Ihrer Aura wird intensiver sein als sonst. Menschen, die Ihnen begegnen, werden von Ihrer Gegenwart so gefesselt sein, dass Sie sie praktisch kontrollieren können. Die Macht, die Sie auf andere ausüben, ist stärker als Sie denken. Setzen Sie sie weise ein.

***Glückszahlen**
14 - 19 - 26 - 33 - 35*

November 2024

Der Erfolg wartet auf Sie, Sie müssen nur vorwärts gehen und visualisieren das Ziel, das Sie erreichen wollen, nicht für nichts in der Welt auf der Straße Sie unterwegs sind, können Sie fast schmecken die Früchte Ihrer Arbeit, müssen Sie nur selbst ein wenig mehr und Sie werden es bekommen.

Wenn Ihnen jemand einen sehr guten Rat zu einem Thema gibt, mit dem Sie bei Ihrer Arbeit Schwierigkeiten haben, denken Sie daran, dass dies für Sie sehr gewinnbringend ist und Sie sich dafür bedanken sollten.

Wenn Sie arbeitslos sind, haben Sie die Möglichkeit, den Job zu finden, den Sie sich schon lange gewünscht haben, aber Sie müssen Zeit und Mühe aufwenden, um ihn zu erreichen, hören Sie nicht auf, die Möglichkeiten zu analysieren, die Sie um sich herumhaben, Sie befinden sich in einem perfekten Moment, um ins Arbeitsleben zurückzukehren.

Ihre Fehler häufen sich, und Sie haben nicht erkannt, dass sie auf ein Übermaß an Passivität Ihrerseits zurückzuführen sind.

In diesem Monat wird Ihre Situation kritisch werden. Es ist an der Zeit, aufzuwachen und sich an die Arbeit zu machen. Du hast die festen und rechtzeitigen

Entscheidungen im Kopf, die nötig sind. Alles, was Sie tun müssen, liegt im Rahmen Ihrer Möglichkeiten.

Sie werden etwas Verdächtiges im Verhalten Ihres Partners entdecken. Außerdem werden Sie Hinweise darauf haben, dass etwas nicht stimmt. Es könnte eine Nachricht oder etwas in seinen sozialen Netzwerken sein.

Das reicht aus, um eine Untreue zu vermuten. Die Planeten raten Ihnen, nicht Detektiv zu spielen. Wo die Liebe regiert, gibt es keinen Platz für eine dritte Partei.

Vielleicht haben Sie das Gefühl, dass Ihre Familienmitglieder von Ihnen bestimmte Opfer verlangen, die Sie nicht bereit sind zu bringen, oder wenn Sie sie bringen, werden sie eine schwere Last sein.

Die Freundschaftsbande mit denjenigen, die Sie als wahre Freunde betrachten, werden gestärkt. Es ist wahrscheinlich, dass Sie Menschen wiedersehen, die Sie schon lange nicht mehr gesehen haben, oder dass Sie Teil einer Gruppe oder eines Vereins werden, der Sie schon einmal angehörten.

Ihre Beziehung zu Ihren Geschwistern oder Verwandten kann sich distanzieren. Es können Probleme auftreten, die sie betreffen und die für Sie belastend sind.

Glückszahlen
1 - 7 - 10 - 12 - 22

Dezember 2024

Dies ist ein Monat der Expansion, des Wachstums und des allgemeinen Glücks. Du wirst den Wunsch verspüren, über deine eigenen Grenzen hinauszugehen, und dein Interesse wird sich auf Horizonte richten, die weiter von denen entfernt sind, an die du gewöhnt bist. Ihr Idealismus und Ihre Anziehungskraft auf Religion, Philosophie und Metaphysik werden ebenfalls zunehmen. Gute Laune und Heiterkeit werden die Hauptwürze in jeder Aktivität sein, was dazu führt, dass Sie positive Menschen zu sich ziehen und die Gunst anderer gewinnen.

Ihre Unabhängigkeit wird gestärkt und damit auch Ihre Lust am Reisen und am Kennenlernen von Ländern, die weit von Ihrem Wohnort entfernt sind.

Was die Pläne im Allgemeinen betrifft, so neigen sie dazu, groß zu sein, Sie geben sich nicht mit wenig zufrieden und akzeptieren nicht ohne weiteres jede Art von Einschränkung. Sie neigen zu Übertreibungen, zu übertriebenem Optimismus, zu Leichtsinn und zum Ignorieren von Gefahren. Es wird Ihnen nicht an Vertrauen fehlen, aber es besteht die Gefahr, dass Sie durch Ihre Unachtsamkeit bedauerliche Fehler machen. Versuchen Sie, realistisch zu sein; es ist wichtig, eine positive Einstellung zu bewahren.

Sie werden mit sehr instabilen Menschen zu tun haben, die manchmal dazu beitragen, Ihren Intellekt zu stimulieren, aber auch Ihre Nervosität aufgrund des Mangels an Beständigkeit verstärken werden. Ihre Gefühle neigen dazu, sich zwischen zwei Personen oder Situationen aufzuteilen. Wenn Sie alleinstehend sind, gibt es vielleicht zwei oder mehr Menschen, zu denen Sie sich hingezogen fühlen. Wenn Sie verheiratet sind, müssen Sie eine andere Facette Ihres Ehelebens finden, die die Routine durchbricht, sonst werden Sie versucht sein, sich eine andere Person zu suchen oder eine Trennung in Betracht zu ziehen.

Ihr Geist wird sehr auf materielle Errungenschaften ausgerichtet sein, aber Sie werden Ihre spirituelle Seite nicht vernachlässigen. Sie könnten dazu neigen, die Sicherheit Ihres Hauses zu vernachlässigen und Diebstahl zu bevorzugen. Außerdem ist es wichtig, dass Sie die Menschen, die Sie zu sich nach Hause einladen, sorgfältig auswählen; ohne es zu merken, könnten Sie sich mit neidischen oder doppelzüngigen

Menschen umgeben, die Intrigen oder Klatsch verbreiten.

Sie werden wahrscheinlich bestimmte Anschaffungen oder Investitionen tätigen, die Ihre Lebensqualität verbessern und Ihren sozialen Status oder Ihre wirtschaftliche Lage verändern werden. Ihre Beziehung zu Ihrer Mutter oder zu anderen weiblichen Familienmitgliedern könnte durch Streitigkeiten oder Meinungsverschiedenheiten kompliziert werden. Sie werden zu offen und direkt in Ihren Einschätzungen sein, was dazu führen kann, dass Sie die Empfindlichkeit anderer leicht verletzen.

Glückszahlen
3 - 5 - 8 - 23 - 35

Die Tarotkarten, eine rätselhafte und psychologische Welt.

Das Wort Tarot bedeutet "Königsweg", es handelt sich um eine jahrtausendealte Praxis, es ist nicht genau bekannt, wer die Kartenspiele im Allgemeinen und das Tarot im Besonderen erfunden hat; es gibt die unterschiedlichsten Hypothesen in diesem Sinne.

Manche sagen, dass sie in Atlantis oder Ägypten entstanden sind, andere wiederum glauben, dass die Tarots aus China oder Indien, aus dem alten Land der Zigeuner oder durch die Katharer nach Europa gekommen sind. Tarotkarten zeigen astrologische, alchemistische, esoterische und religiöse Symbolik, sowohl christliche als auch heidnische.

Wenn man bis vor kurzem das Wort "Tarot" erwähnte, stellten sich manche Leute einen Zigeuner vor, der in einem von Mystik umgebenen Raum vor einer Kristallkugel sitzt, oder sie dachten an schwarze Magie oder Hexerei, aber das hat sich heute geändert.

Diese uralte Technik hat sich der neuen Zeit angepasst, sie hat sich mit der Technologie verbunden, und viele junge Menschen interessieren sich sehr dafür.

Die jungen Menschen haben sich von der Religion isoliert, weil sie glauben, dass sie dort nicht die Lösung für ihre Bedürfnisse finden, sie haben die Dualität der Religion erkannt, was bei der Spiritualität nicht der Fall ist.

Überall in den sozialen Netzwerken findet man Konten, die dem Studium und der Lektüre des Tarots gewidmet sind, denn alles, was mit Esoterik zu tun hat, ist in Mode, und in der Tat werden einige hierarchische Entscheidungen unter Berücksichtigung des Tarots oder der Astrologie getroffen.

Bemerkenswert ist, dass die Vorhersagen, die normalerweise mit dem Tarot zu tun haben, nicht die gefragtesten sind, sondern die, die mit Selbsterkenntnis und spiritueller Beratung zu tun haben, am meisten nachgefragt werden.

Das Tarot ist ein Orakel, durch seine Zeichnungen und Farben, stimulieren wir unsere psychische Sphäre, den innersten Teil, der über das Natürliche hinausgeht. Viele Menschen wenden sich an das Tarot als spirituelle oder psychologische Führer, weil wir in unsicheren Zeiten leben, und dies drängt uns, Antworten in der Spiritualität zu suchen.

Es ist ein so mächtiges Werkzeug, das Ihnen konkret sagt, was in Ihrem Unterbewusstsein vor sich geht, so dass Sie es durch die Linse einer neuen Weisheit wahrnehmen können.

Carl Gustav Jung, der berühmte Psychologe, verwendete die Symbole der Tarotkarten in seinen psychologischen Studien. Er schuf die Theorie der Archetypen, in der er eine umfangreiche Summe von Bildern entdeckte, die in der analytischen Psychologie helfen.

Die Verwendung von Zeichnungen und Symbolen, die an ein tieferes Verständnis appellieren, wird in der Psychoanalyse häufig eingesetzt. Diese Allegorien sind ein Teil von uns und entsprechen den Symbolen unseres Unterbewusstseins und unseres Geistes.

Unser Unbewusstes hat dunkle Bereiche, und wenn wir visuelle Techniken anwenden, können wir verschiedene Teile davon erreichen und Elemente unserer Persönlichkeit enthüllen, die uns nicht bewusst sind.

Wenn Sie diese Botschaften durch die bildhafte Sprache des Tarots entschlüsseln können, können Sie wählen, welche Entscheidungen Sie im Leben treffen, um das Schicksal zu erschaffen, das Sie sich wirklich wünschen.

Das Tarot mit seinen Symbolen lehrt uns, dass ein anderes Universum existiert, vor allem in der heutigen Zeit, in der alles so chaotisch ist und für alles eine logische Erklärung gesucht wird.

Der Streitwagen, Tarotkarte für Widder 2024

Er symbolisiert die Gewinner, die Dynamik, die Selbstbeherrschung, den Triumph über die Krankheit, über die wirtschaftlichen Schwierigkeiten oder über die Feinde, die Sie haben.

Der Triumph Ihrer Fähigkeiten. Ein Triumph, der sich dank deiner Verdienste einstellt. Unvorhergesehene Neuigkeiten, die eine Entwicklung ermöglichen, Sie werden eine glückliche Reise machen. Der Sieg über die aktuellen Schwierigkeiten.

Ihre Belohnungen und Ihre Zufriedenheit sind das Ergebnis ständiger Bemühungen.

Sie werden persönliche Vorteile und Freuden haben; Ihre persönlichen Ziele sind in Reichweite, wenn Sie bereit sind, dafür zu kämpfen. Wenn Sie einen neuen persönlichen Lebensabschnitt beginnen, etwa eine Ehe oder eine Familie, ist der Wagen besonders einflussreich.

In diesem Jahr beginnt für Sie eine Periode, in der Ihre Produktivitätskapazität sehr günstig ist.

Sie müssen Ihre Augen für neue Beschäftigungsmöglichkeiten offenhalten und Ihren Geist für neue Chancen offenhalten. Die Belohnungen, die diese neuen Möglichkeiten mit sich bringen, werden erst am Ende kommen.

Versuchen Sie, geduldig zu sein und sie zu genießen. Sie sollten sich neue Verbündete suchen, denn dieses neue Projekt wird erfolgreicher sein, wenn es Ihnen gelingt, gute Partnerschaften zu schließen.

Runen des Jahres 2024

Runen sind eine Reihe von Symbolen, die ein Alphabet bilden. "Rune" bedeutet Geheimnis und symbolisiert den Klang eines Steins, der auf einen anderen trifft. Runen sind eine visionäre und magische Methode.

Runen werden nicht für exakte Vorhersagen verwendet, aber sie dienen als Wegweiser für ein zukünftiges Ereignis, ein Problem oder eine Entscheidung. Runen haben eine spezifische Symbolik für die Person, die es will, und Botschaften im Zusammenhang mit Herausforderungen im Leben.

TEIWAZ, Rune des Widders 2024

Sie haben das Selbstvertrauen und den Mut, alles zu erobern, was Sie wollen. Das Schicksal ist Ihr Verbündeter, ein zwingender Grund, Ihr Hier und Jetzt zu genießen. Es drückt Tapferkeit und Sieg aus. Teiwaz führt den Kämpferseelenmenschen mit Zuversicht und Entschlossenheit auf den richtigen Weg.

Er sagt eine Zeit großer körperlicher Stärke voraus. Wenn du rekonvaleszent oder krank bist, zeigt es, dass du wieder gesund wirst und deine Energie zurückgewinnst. Im Falle von Operationen werden diese gut verlaufen.

Diese Rune ist das Werkzeug, das entfernt, was veraltet ist oder im Weg steht. Sie lädt dich also ein, dich von bestimmten Dingen zu trennen, an denen du hängst. Sie verheißt, dass das, was geschieht, besser sein wird als vorher, auch wenn es dir schwerfällt, es zu akzeptieren.

Teiwaz ist die Rune der Ermutigung, des Mutes und der Hingabe. Sie zeigt die Beharrlichkeit an, die Hindernisse des Weges zu überwinden. Diese Rune sagt Ihnen den Triumph voraus, wenn Ihre Ziele legal und ehrlich sind.

Diese Rune mahnt dich, dass du das Zeug dazu hast, voranzukommen und Erfolg zu haben, und dass du die Fähigkeit besitzt, alles zu überwinden, was dir im Weg steht.

Seien Sie entschlossen, zu kämpfen und zu gewinnen. Sie werden auf Ihrem Weg mit Problemen konfrontiert werden, aber beginnen Sie Ihren Kampf mit Interesse und Überzeugung, denn Sie haben das Potenzial, alles zu erreichen, was Sie sich vornehmen.

Glückliche Farben

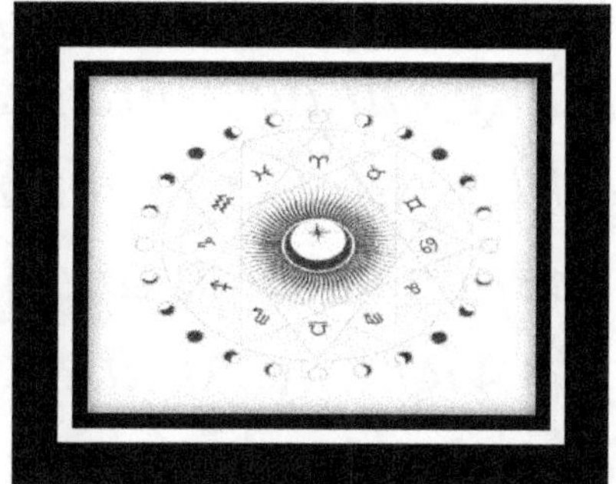

Farben haben eine psychologische Wirkung auf uns; sie beeinflussen unsere Wertschätzung von Dingen, unsere Meinung über eine Sache oder eine Person und können dazu verwendet werden, unsere Entscheidungen zu beeinflussen.

Die Traditionen zur Begrüßung des neuen Jahres variieren von Land zu Land, und in der Nacht zum 31. Dezember ziehen wir Bilanz über all die positiven und negativen Dinge, die wir im zu Ende gehenden Jahr erlebt haben. Wir beginnen zu überlegen, was wir tun können, um unser Glück im neuen Jahr zu verbessern.

Es gibt mehrere Möglichkeiten, positive Energien zu uns zu ziehen, wenn wir das neue Jahr empfangen, und eine davon ist, Accessoires in einer bestimmten Farbe zu tragen, die das anzieht, was wir uns für das neue Jahr wünschen.

Farben haben energetische Ladungen, die unser Leben beeinflussen, daher ist es immer ratsam, das Jahr in einer Farbe zu beginnen, die die Energien dessen anzieht, was wir erreichen wollen.

Dafür gibt es Farben, die mit jedem Sternzeichen positiv schwingen. Die Empfehlung ist also, dass Sie die Kleidung mit dem Farbton tragen, der Sie im Jahr 2024 Wohlstand, Gesundheit und Liebe anziehen lässt. (Diese Farben können auch während des restlichen Jahres für wichtige Anlässe oder zur Verschönerung Ihrer Tage verwendet werden).

Denken Sie daran, dass es zwar üblich ist, rote Unterwäsche für die Leidenschaft, rosa für die Liebe und gelb oder Gold für den Reichtum zu tragen, dass es aber nie zu viel ist, die Farbe in unsere Kleidung *aufzunehmen, die unserem Sternzeichen am meisten entspricht.*

Widder

Grün.

Die Schlüsselwörter für Grün sind *Harmonie, Wachstum, Fruchtbarkeit, Stabilität und Widerstandsfähigkeit.*

Grün ist mit der Natur verwandt und kann uns mit ihr verbinden. Es hilft uns, uns in andere Menschen einzufühlen, indem wir auf natürliche und flüssige Weise die richtigen Worte finden.

Grün ist eine Farbe, die Natur und Leben symbolisiert und mit Wachstum und Harmonie assoziiert wird.

Es ist eine Farbe, die ein Gefühl von Ausgeglichenheit und Frische vermittelt und häufig in Umgebungen verwendet wird, die Ruhe und Gelassenheit fördern sollen.

Es ist die Farbe, die wir unbewusst suchen, wenn wir melancholisch sind oder gerade ein Trauma erlebt haben.

Grün vermittelt uns ein Gefühl der Behaglichkeit und Erleichterung, der Stille und des inneren Friedens, das uns innerlich ruhig werden lässt.

Mit Grün zu meditieren ist wie die Einnahme einer Medizin zur Heilung der Gefühle.

Diese Farbe wird zum Entspannen verwendet. Sie steht für Sicherheit, Stabilität und Ausgeglichenheit, sie hilft, sich ruhiger zu fühlen. Sie wird bei Schlaflosigkeit, Müdigkeit, Kopfschmerzen und Nervosität eingesetzt, da sie den Blutdruck und die Herzfrequenz senkt.

Grün symbolisiert die Jugend und das Leben, aber es steht auch für Aktivität. Künstler und Experten sind sich einig, dass ein Haus oder ein Zimmer, das mit einer sanften grünen Farbe gestrichen ist, Ruhe und Wohlbefinden fördert.

Glücksbringer

Wer besitzt nicht einen Glücksring, eine Kette, die nie abfällt, oder einen Gegenstand, den er für nichts auf der Welt hergeben würde? Wir alle schreiben bestimmten Gegenständen, die uns gehören, eine besondere Kraft zu, und dieser besondere Charakter, den sie für uns annehmen, macht sie zu magischen Gegenständen. Damit ein Talisman wirken und die Umstände beeinflussen kann, muss sein Träger Vertrauen in ihn haben, und das verwandelt ihn in einen wunderbaren Gegenstand, der alles erfüllen kann, was von ihm verlangt wird.

Im alltäglichen Sinn ist ein Amulett ein Gegenstand, der das Gute besänftigt, um Böses, Unheil, Krankheiten und Hexerei zu verhindern.

Amulette für Glück können Ihnen helfen, ein Jahr 2024 voller Segen in Ihrem Zuhause, bei der Arbeit, mit Ihrer Familie zu haben, Geld und Gesundheit anzuziehen. Damit die Amulette richtig funktionieren, sollten Sie sie nicht an andere verleihen und immer zur Hand haben.

Amulette gab es in allen Kulturen und sie werden aus Elementen der Natur hergestellt, die als Katalysatoren für Energien dienen, die dazu beitragen, menschliche Wünsche zu erfüllen.

Dem Amulett wird die Macht zugesprochen, Übel, Zauber, Krankheiten und Katastrophen abzuwehren oder bösen Wünschen entgegenzuwirken, die durch die Augen anderer hervorgerufen werden.

Amulett für Widder.

Drache

Er ist ein Träger von Energie, Licht, Wohlstand, Glück und Schutz. In fast allen chinesischen Traditionen, Mythen und Fabeln ist der Drache ein Symbol für Standhaftigkeit, Zähigkeit, Reichtum und Magie.

Wenn Sie ihn als Amulett oder Talisman verwenden, wird er Ihnen Glück bringen. Wenn Sie ihn in Ihrem Haus haben, werden die Räume harmonischer und die Energie fließt.

Der Drache ist ein Hüter des Göttlichen, ein Beschützer unserer Heimat.

Ein Haus, das von einem Drachen beschützt wird, ist demnach ein geschützter Raum, der viel Glück bringt.

Glücksquarz

Wir alle fühlen uns zu Diamanten, Rubinen, Smaragden und Saphiren, also zu Edelsteinen, hingezogen. Halbedelsteine wie Karneol, Tigerauge, weißer Quarz und Lapislazuli werden ebenfalls sehr geschätzt, da sie schon seit Tausenden von Jahren als Schmuck und Machtsymbol verwendet werden.

Was viele nicht wissen, ist, dass sie nicht nur wegen ihrer Schönheit geschätzt wurden: Jede von ihnen hatte eine heilige Bedeutung, und ihre heilende Wirkung war ebenso wichtig wie ihr dekorativer Wert.

Die meisten Menschen kennen die bekanntesten Kristalle wie Amethyst, Malachit und Obsidian, aber heutzutage sind auch neue Kristalle wie Lari mär, Petalit und Phenakit bekannt geworden.

Ein Kristall ist ein fester Körper mit einer geometrisch regelmäßigen Form, Kristalle entstanden bei der Entstehung der Erde und haben sich im Laufe der Veränderungen auf dem Planeten immer weiter gewandelt, Kristalle sind die DNA der Erde, sie sind Miniaturspeicher, die die Entwicklung unseres Planeten über Millionen von Jahren enthalten.

Einige wurden unter außerordentlichem Druck gebogen, andere wuchsen in tief unter der Erde vergrabenen Kammern heran, wieder andere wurden durch Tropfen ins Leben gerufen. Unabhängig von ihrer Form kann ihre kristalline Struktur Energie absorbieren, bewahren, bündeln und abgeben.

Das Herzstück des Kristalls ist das Atom, seine Elektronen und Protonen. Das Atom ist dynamisch und besteht aus einer Reihe von Teilchen, die sich in ständiger Bewegung um das Zentrum drehen, so dass der Kristall, auch wenn er unbeweglich zu sein scheint, eine lebendige Molekülmasse ist, die mit einer bestimmten Frequenz schwingt, und das ist es, was dem Kristall Energie verleiht.

Edelsteine waren früher ein königliches und priesterliches Vorrecht. Die Priester des Judentums trugen eine mit Edelsteinen besetzte Plakette auf der Brust, die weit mehr als ein Emblem zur Kennzeichnung ihrer Funktion war, denn sie übertrug Macht auf den Träger.

Seit der Steinzeit haben die Menschen Steine getragen, da sie eine Schutzfunktion hatten und ihre Träger vor verschiedenen Übeln bewahrten. Die heutigen Kristalle haben die gleiche Kraft, und wir *können unseren Schmuck nicht nur nach ihrer äußeren Attraktivität auswählen. Sie in unserer Nähe zu haben, kann unsere Energie steigern (orangefarbener Karneol), den Raum um uns herum reinigen (Bernstein) oder Reichtum anziehen (Citrin).*

Bestimmte Kristalle wie Rauchquarz und schwarzer Turmalin können Negativität absorbieren und eine reine und saubere Energie ausstrahlen.

Ein schwarzer Turmalin, den man um den Hals trägt, schützt vor elektromagnetischen Ausstrahlungen, auch vor denen von Mobiltelefonen. Ein Citrin zieht nicht nur Reichtum an, sondern hilft auch, ihn zu bewahren, indem man ihn im wohlhabenden Teil des Hauses platziert (hinten links, weit weg von der Eingangstür).

Wenn Sie auf der Suche nach Liebe sind, können Kristalle Ihnen helfen. Stellen Sie einen Rosenquarz in die Beziehungsecke Ihres Hauses (die hintere rechte Ecke, die am weitesten von der Eingangstür entfernt ist), seine Wirkung ist so stark, dass Sie vielleicht einen Amethyst hinzufügen möchten, um die Anziehung auszugleichen.

Du kannst auch Rhodochrosit verwenden, die Liebe wird deinen Weg finden.

Einige Kristalle enthalten Mineralien, die für ihre therapeutischen Eigenschaften bekannt sind. Malachit hat eine hohe Konzentration an Kupfer, und das Tragen eines Malachit-Armbandes ermöglicht es dem Körper, minimale Mengen an Kupfer aufzunehmen.

Lapislazuli lindert Migräne, aber wenn die Kopfschmerzen durch Stress verursacht werden, lindern Amethyst, Bernstein oder Türkis oberhalb der Augenbrauen die Schmerzen.

Quarze und Mineralien sind Juwelen von Mutter Erde. Geben Sie sich die Gelegenheit und verbinden Sie sich mit der Magie, die sie ausstrahlen.

Glücksquarz für Widder

Der Rubin ist der Stein, der mit diesem Zeichen assoziiert wird. Widder, die diesen Stein tragen, können die Vorteile einer guten Durchblutung erhalten.

Mit dem Rubin erhalten Sie Erfolg und Reichtum, aber auch Mut, Ermutigung und Loyalität. In Birma, wo dieser Stein herkommt, gilt er als Anziehungspunkt für Freunde und Glück.

Für die Japaner und Chinesen bringt er Gesundheit und Langlebigkeit, reguliert die Leidenschaften, vertreibt böse Gedanken und garantiert Frieden und Gesundheit. Andere Steine, die mit dem Widder in

Verbindung gebracht werden, sind roter Jaspis und Feuerachat.

Kompatibilität von Widder und den anderen Zeichen in der Liebe

Der Widder, das erste Zeichen des Tierkreises, ist kraftvoll und charismatisch. Wenn es um Liebe und Romantik geht, ernährt sich der Widder seines natürlichen Elements, dem Feuer.

Der Widder ist für sein unberechenbares Temperament und seine Zärtlichkeit bekannt und hat viele Facetten, wenn es um die Liebe geht.

Ein Teil dessen, was den Widder so erfolgreich macht, ist seine Anziehungskraft und seine natürliche Fähigkeit. Er zieht mit seinem angeborenen Enthusiasmus und Optimismus an und belebt alle seine Beziehungen durch seine ansteckende Lebensfreude.

Da der Widder ein so ehrgeiziges Zeichen ist, ist es kein Wunder, dass er nach der perfekten Beziehung strebt. Der Widder mag sagen, dass die ideale Partnerschaft eine streitfreie ist, aber in Wirklichkeit ist dieses Zeichen am zufriedensten mit einer aufregenden Dosis Spannung. Er mag es, zu gewinnen, und der Wettbewerb fordert ihn heraus, seine besten Qualitäten zu zeigen.

Wenn Sie ihn bei der Stange halten wollen, sollten Sie seine Siege anerkennen. Alle Feuerzeichen (Widder, Löwe und Schütze) brauchen ein Publikum, aber der

Widder ist vielleicht der kühnste, wenn es darum geht, sein Bedürfnis nach Bestätigung zu zeigen, und Sie werden immer eine glückliche Beziehung mit dem durchsetzungsfähigen Widder haben, wenn Sie jedes Wort mit einem Ausrufezeichen und nicht mit einem Fragezeichen beenden.

Das Widder-Ego ist Teil ihrer kosmischen Konfiguration, gelegentlich können sie arrogant sein, aber ihr Ego ist nicht schlecht. In der Tat beginnt das ganze Tierkreiszeichen mit dem Selbstbewusstsein des Widders. Der lebhafte Geist des Widders ist belebend und inspirierend, aber er kann auch heikel sein, denn der Widder verlangt ständige Aufmerksamkeit, was, wenn man nicht gut damit umgeht, einen erschöpfen kann. Widder-Partner müssen unbedingt lernen, Nein zu sagen, auch wenn das bedeutet, dass sie gelegentlich einen Wutanfall in Kauf nehmen müssen.

Sie müssen bedenken, dass der Widder immer die Grenzen austestet. Seien Sie also nicht überrascht, wenn Ihr Widder-Partner gelegentlich etwas Unangemessenes sagt oder tut. Dies ist ihre Art zu messen, was sein kann, und kann nicht ansprechbar sein, so dass, wenn Ihr Widder Partner etwas falsch macht, sicher sein, sie sofort zu sagen.

 Dieses Feuerzeichen respektiert persönliche Grenzen. Sobald er also die Parameter Ihrer Beziehung verstanden hat, wird er Ihre Anforderungen sicher respektieren.

Der Widder muss genährt und immer unterstützt werden, und obwohl er stark wirkt, ist er äußerst empfindlich. Wenn Sie also bereit sind, die Rolle des emotionalen Cheerleaders zu übernehmen, wird Ihr Widder-Partner Ihnen ewig dankbar sein.

Der Widder ist sehr ehrgeizig und möchte Teil eines Paares sein, das sowohl privat als auch in der Öffentlichkeit glänzt. Wenn die Ambitionen seines Partners ihn jedoch übertreffen, wird dieses feurige Zeichen ein wenig neidisch. Sollte das passieren, machen Sie sich keine Sorgen, finden Sie einfach eine Gelegenheit, seine Leistungen zu feiern, und er wird mit Sicherheit eine Quelle der Dankbarkeit ausstrahlen.

In der Liebe ist es nicht ratsam, Spielchen zu spielen, aber beim Widder ist das anders, denn er liebt die Herausforderung. Allerdings sollten Sie nicht manipulieren, denn der Widder ist direkt, und es gibt nichts, was er mehr hasst, als verarscht zu werden. Sie können scherzen und spielerisch sein, aber stellen Sie sicher, dass Sie es immer mit ehrlichen Absichten tun.

Der Widder liebt Komfort und schätzt Stil. Wenn Sie also nach neuen Möglichkeiten suchen, seine Aufmerksamkeit zu erregen, scheuen Sie sich nicht, aufzufallen, denn er fühlt sich von herausfordernder Mode, leuchtenden Farben und gewagten Mustern angezogen. Außenseiter erobern sein feuriges Herz, und da er Freude liebt, werden Sie, wenn er merkt, dass Sie Spaß haben, sofort seine Aufmerksamkeit erregen.

Der Widder wird von Leidenschaft angetrieben. Wenn es also um langfristige Beziehungen geht, ist es wichtig, dass Sie neue und aufregende Wege finden, um die Flamme der Liebe am Brennen zu halten.

Sex ist für Widder wichtig; körperlicher Kontakt befriedigt einen Widder mit Sicherheit. Sie wollen immer das Gefühl haben, dass die Beziehung eine Wahl ist, nicht eine Verpflichtung, folglich werden sie den Funken lebendig halten, indem sie ihre Beziehung mit Abenteuer, Drama und natürlich einem Streit von Zeit zu Zeit infundieren.

Kämpfen ist gesund für den Widder, denn es hält sein Feuer am Brennen, und wenn Sie schon einmal über einen längeren Zeitraum in einer Beziehung mit einem Widder waren, wissen Sie, dass die Beziehung irgendwann an einen Scheideweg kommt.

Da der Widder daran gewöhnt ist, sich kopfüber in eine Beziehung zu stürzen, sind Momente des Nachdenkens für ihn sehr wichtig, denn er braucht die Freiheit, die Auswirkungen seiner langfristigen Bindung abzuwägen. Deshalb müssen Sie ihm Raum geben, um seine Optionen abzuwägen und zu einer Entscheidung zu kommen.

Nach ein wenig Nachdenken wird Ihr Widder-Partner sicherlich mit mehr Enthusiasmus in die Beziehung zurückkehren.

*Wenn **Widder und Widder** zusammenkommen, denken Sie an eine atomare Bombardierung. Dies ist eine starke Kraft. Eine Widder-Widder-Kombination ist eine zehnfache Dosis von Ungeduld, und jeder wird ständig Sicherheit und Stabilität von seinem Partner verlangen.*

Glücklicherweise verstehen sie sich, und wenn sie bereit sind, auf die Gefühle der anderen Rücksicht zu nehmen und ihm Raum zu geben, natürlich ohne sich emotional zu distanzieren, kann dies eine ausgezeichnete langfristige Beziehung mit viel Spaß, Abenteuer und Leidenschaft werden.

Das einzige Hindernis in dieser Beziehung ist der Kampf der Egos, Widder ist wettbewerbsorientiert und findet es schwer, aufzugeben, der Beste in etwas zu sein. Dies wird das Hauptproblem sein, an dem man arbeiten muss, um die Beziehung stabil zu machen.

Bei diesem Paar treffen zwei energiegeladene Geister aufeinander, und insgesamt ist es eine positive Beziehung. Beide sind davon angezogen, neue Dinge auszuprobieren, aber sie müssen lernen, sich zusammenzufinden.

Widder hat eine natürliche Großzügigkeit, aus diesem Grund müssen sie lernen, sich abzuwechseln, um ihren Geschmack zu befriedigen. Widder ist transparent mit ihren Gefühlen, und das hilft zwei Widder nie behandeln einander mit Falschheit oder Heuchelei. Wenn Widder sich verlieben, sind sie ein wunderbares Paar, dem man vertrauen kann. In einem Paar, das aus zwei Widdern besteht, gibt es so etwas wie Langeweile nicht. Ihre Fähigkeit, Unstimmigkeiten auszugleichen, macht sie zu einer feurigen und innigen Beziehung.

 Wenn **Widder und Stier zusammenkommen,** dürfen wir nicht vergessen, dass der Stier offensichtlich stur ist, und wenn sich der Widder herausgefordert fühlt, kann er stur sein. Wenn das passiert, können sie aufeinanderprallen und einen titanischen Konflikt auslösen.

In der Beziehung zwischen Widder und Stier herrscht jedoch eine unglaubliche Leidenschaft. Der Widder liebt es, von dem einzigartigen Stier umsorgt zu werden, und der Stier schätzt die scharfsinnige Lebenseinstellung des Widders. Um diese Beziehung zu sichern, müssen sich beide wohl und beschützt fühlen.

In dieser Beziehung können beide viel lernen. Der Stier kann dem Widder beibringen, seine unpraktischen Impulse zu kontrollieren, und der Widder kann den Stier anleiten, abenteuerlustiger zu sein. Der Stier ist kultiviert, anpassungsfähig und achtsam. Der Widder wird von diesen Fähigkeiten absorbiert.

Der Widder sieht den Stier als seinen Stab an, der völlig stabil ist. Stier sieht Widder als jemanden, der weiß, wie man die Chancen des Lebens nutzt.

Wenn sich beide Zeichen an dieses Spiel erinnern, kann diese Beziehung sehr romantisch sein.

***Widder und Zwillinge** sind verspielt, spontan, aber beide langweilen sich leicht. Diese Zeichen brauchen viel Anregung, aber dieses Paar versteht es* ausgezeichnet, das Interesse des anderen aufrechtzuerhalten. Die beiden machen immer gerne gemeinsame Wochenendausflüge, veranstalten Partys und inspirieren sich gegenseitig.

Sowohl Widder als auch Zwillinge sind leicht zu unterhalten, so dass diese beiden Zeichen Überstunden machen müssen, um zu verhindern, dass die Beziehung zerbricht. Wichtig ist dabei, dass es in einer Beziehung nicht nur um Erholung, Lachen und Spiele geht, sondern auch um Verantwortung und Engagement.

Widder und Krebs sind eine etwas widersprüchliche Beziehung. Der Krebs ist enorm sensibel, und es kann zu Konflikten kommen, wenn der Widder spürt, dass sein Feuer durch die Schwäche des Krebses gedämpft wird. Widder und Krebs sind jedoch Schöpfer, und wenn sie zusammenarbeiten, ermutigen sie sich gegenseitig, ihr volles Potenzial auszuschöpfen.

 Oberflächlich betrachtet ist der Widder der Anführer, der es immer eilig hat, sich jeder Herausforderung zu stellen, doch insgeheim hat der Krebs das Sagen, denn er ist emotional dominant und kann die Situation gut einschätzen. Wenn beide Partner einander mit Liebe behandeln, kann dies zu einer langanhaltenden Beziehung führen.

*Wenn **Widder und Löwe** zusammenkommen, brennen sie hell. Sowohl Widder als auch Löwe sind leidenschaftlich, dynamisch und voller Leben, und wenn sie romantisch miteinander verbunden sind, sind sie nicht zu stoppen. Widder und Löwe genießen es, die Flamme des anderen mit großen Zuneigungsbekundungen und einem Wirbelwind von Drama abzukühlen.*

Trotzdem kann es in Eden zu Problemen kommen, wenn der Löwe von der kindlichen Wildheit des Widders enttäuscht ist und der Widder sich mit dem protzigen Snobismus des Löwen unwohl fühlt. Das Widder-Löwe-Paar macht jedoch Spaß, und zusammen sind sie eine hervorragende Kombination.

***Widder und Jungfrau** sind ein seltsames Paar. Die Jungfrau ist akribisch, gründlich und enorm gründlich. Der Widder hingegen kann sich nicht mit Kleinigkeiten aufhalten. Ein Widder-Jungfrau-Paar hat ernsthafte Gewohnheitskrämpfe.*

Die Jungfrau kann den Widder anleiten und lernen, sich zu entspannen, während der Widder erkennen kann, dass es gar nicht so schlimm ist, auf Details zu achten. Wenn sowohl Widder als auch Jungfrau einander mit Einsicht und Gehorsam für ihre Unverträglichkeiten behandeln, können sie eine effektive Beziehung schaffen.

Widder und Waage. *Im Tierkreis sind diese beiden Zeichen Gegensätze, Widder ist das Zeichen des Ichs, während Waage das Zeichen des Wir ist; Widder ist ein Kämpfer, während Waage Harmonie ist. Der Widder ist ein Schöpfer, während die Waage ein Intellektueller ist. Dennoch sind die beiden in Brüderlichkeit vereint, sie sind ein außerordentlich dynamisches Paar mit einer starken sexuellen Anziehungskraft.*

Die Beziehung von Widder und Waage bietet ein Gegengewicht, das jede ihrer besten Eigenschaften unterstützt. Die Waage schätzt die Harmonie in einer Beziehung und wird alles tun, um sie zu erhalten. Jeder bringt das in die Beziehung ein, was dem anderen fehlt, was zu einer wunderbaren Harmonie führt.

Widder und Skorpion teilen einen unglaublichen Enthusiasmus, wenn auch auf unterschiedliche Art und Weise, ihre Energien zu zeigen. Der Widder stürzt sich gerne direkt in den Kampf, während der Skorpion sich lieber einen Raum schafft und aus der Ferne zusieht. Doch trotz ihrer Unterschiede ist eine Widder-Skorpion-Beziehung für diese heißblütigen Liebhaber losgelöst und enorm sexbetont. Ihre Verbindung ist sehr feurig und oft fragwürdig, weil beide Partner zu Eifersucht neigen.

***Widder und Schütze**, das ist eine attraktive Beziehung. Der Widder zündet die Kerze an und gibt sie dann an den Schützen weiter, der sie benutzt, um ein rustikales Feuer zu entfachen. Der Schütze ist eine kraftvolle Glut, eine Energie, die die Glut des Widders noch verstärkt. Diese beiden sind unkontrollierbar. Allerdings müssen sie sehr vorsichtig sein, denn diese Beziehung ist sehr unfallträchtig, da der Widder immer in Eile ist und der Schütze dazu neigt, nur das Offensichtliche zu sehen.*

Es ist ein wenig schwierig, diese Beziehung aufrechtzuerhalten, weil beide viel Energie haben, um neue Dinge zu beginnen, aber nicht viel Motivation, um voranzukommen.

Der Widder ist sensibler als der feierfreudige Schütze, deshalb sollten beide darauf achten, dass sie einander zuhören und sich gegenseitig unterstützen.

***Widder und Steinbock** mögen auf den ersten Blick etwas unähnlich erscheinen. Der Widder wird durch einen anfänglichen Impuls beeinflusst, während der Steinbock, zweifellos das fleißigste Tierkreiszeichen, durch langfristigen Erfolg stimuliert wird. Der*

Steinbock arbeitet sich langsam an die Spitze heran, während der Widder sich schnell nach oben arbeitet. Die beiden haben eine sehr unterschiedliche Art, mit der Welt umzugehen, aber sie können als Paar sehr gut funktionieren.

Der effiziente Steinbock genießt die Einstellung des Widders, während der eilige Widder die außergewöhnliche Präzision des Steinbocks schätzt, und dies schafft eine Verbindung, die inspirierend und befriedigend ist. Der Widder muss darauf achten, nicht gegen den Steinbock zu arbeiten, der seinerseits versuchen muss, die glühende Seele des Widders nicht zu dämpfen.

Widder und Wassermann können eine dauerhafte Beziehung führen. Der Widder ist ein äußerst solides und spontanes Zeichen, aber er ändert seine Form leicht, wenn er mit dem Wassermann verbunden ist, einem Zeichen, das für sein distanziertes und kaltes Mitgefühl bekannt ist.

Allerdings ist es der Widder, der ein Ungleichgewicht schafft, das dem Wassermann entgegenkommt. Beide Zeichen schätzen die Freiheit, aber die Neigung des Widders zur Besitzgier kann den Wassermann zum Beschützer machen. Obwohl sie diese besondere Verbindung haben, sehen sie die Welt mit anderen Augen.

Mit dem Wassermann an seiner Seite wird der Widder hart daran arbeiten, über den Tellerrand zu schauen, und obwohl es sicherlich eine Zeit der Anpassung geben wird, ist die Beziehung sehr charmant.

***Widder und Fische** sind eine ganz besondere Kombination. Als erstes und letztes Zeichen des Tierkreises bilden die beiden ein kraftvolles karmisches Duo, das auf Weisheit, Vernunft und Intuition beruht. Der Widder ist gelassen mit der balsamischen Energie der Fische, und die sanften Fische werden durch den feurigen Geist des Widders elektrisiert.*

Fische verstehen Widder zutiefst, und das kann helfen, jede Art von Problem zu lindern. Fische weiß, wie man Widder davon abhalten kann, übermäßig rücksichtslos zu werden.

Zusammen bilden sie ein dynamisches Duo, wenn sie die Aufrichtigkeit des Widders mit der intuitiven Schärfe der Fische verbinden.

Während die beiden darauf achten müssen, dass sie die Unterschiede des anderen respektieren, besteht hier eine besondere Chance für diese Zeichen, sich gegenseitig zu helfen, die Gesamtheit der menschlichen Erfahrung zu verstehen.

Gemeinsam können Sie jeden Plan, den Sie beginnen, zu einem positiven Ende bringen. Sie haben viel voneinander zu lernen. Fische lehrt Widder, wie man sich einfühlen kann, und Widder zeigt Fischen, wie sie ihre Träume verwirklichen können.

Wenn sie eine Beziehung eingehen, läuft es für beide sehr gut, das heißt, sie werden von ihrer Verbindung genährt. Sie sind aufrichtig in ihren Beziehungen, und am Ende wird die natürliche Schärfe, die Widder und Fische besitzen, ihnen helfen zu entdecken, dass ihre Beziehung besser funktionieren kann, als man sich vorstellen kann. Jemand, der so übersinnlich ist wie Fische, braucht einen erdverbundenen, bodenständigen Partner, und den findet er im Widder.

Widder und seine Berufung

Dieses Zeichen hat viel Entschlusskraft und ist unternehmungslustig. Kreativ und unersättlich, gibt es nichts, was der Widder im Leben nicht erreichen kann, wenn er motiviert ist.

Sie sind risikofreudig und ausgezeichnet in Krisenzeiten. Sie mögen Jobs, die keine Routine erfordern, sie sind ruhelos und es fehlt ihnen an Beständigkeit.

Sie wurden geboren, um Führungspersönlichkeiten zu sein, um Ideen in die Welt, in der sie sich bewegen, einzubringen, um Unternehmen zu gründen und um mit ihrer Einstellung Lektionen zu erteilen.

Das Problem ist, dass sie sich danach sehnen, mehrere Dinge auf einmal zu tun, und Zeit verschwenden, bevor sie sie beenden. Der Erfolg stellt sich ein, wenn sie authentisch zu dem stehen, was sie wollen.

Von klein auf sind sie gut im Geldverdienen. Wenn sie Untergebene sind, neigen sie dazu, respektvoll zu sein und die zugewiesenen Aufgaben zu erfüllen.

Wenn sie Chefs sind, lassen sie den Arbeitnehmern gerne Freiheiten und pflegen ein aufrichtiges Verhältnis zu ihnen.

Beste Berufe

Ihre Berufe sind vielfältig. Von Geschäftsleuten, Ausbildern, Sportlehrern, Polizisten, Firmenchefs, Kriegsberichterstattern, Feuerwehrleuten, Managern, Entertainern, Fahrern, Komikern, Zauberern, kurzum: Unternehmern.

Im Gesundheitsbereich zeichnen sie sich in der Chirurgie, Augenheilkunde und Stomatologie aus. Im Sport, in der Leichtathletik, im Autorennen, im Baseball oder im Boxen.

Geld-Rituale

Ritual mit Zucker, um Fülle anzuziehen.

Sie benötigen:

- 4 Esslöffel brauner Zucker

- 16 Münzen

- 4 grüne Kerzen

- 1 tiefer Springbrunnen mit reichlich heiligem Wasser

Du solltest dieses Ritual vier Tage lang durchführen, beginnend an einem Donnerstag bei Sonnenaufgang. Wähle einen ruhigen Ort im Haus.

Sie bilden mit den Münzen einen Kreis um den Brunnen und stellen eine Kerze auf die rechte Seite. Zünden Sie die Kerze an und schütten Sie die vier Löffel voll Zucker ins Wasser, während Sie an all den materiellen Wohlstand denken, den Sie sich wünschen.

Wählen Sie die vier Münzen, die der Kerze am nächsten sind, und werfen Sie eine nach der anderen ins Wasser, während Sie Ihre Geistführer bitten, dass es in Ihrem Haus niemals an Geld mangelt.

Lass die Kerze erlöschen. Wiederholen Sie das Ritual an den folgenden drei Tagen. Es wird empfohlen, dass Sie vor der Durchführung dieses Rituals Ihr Haus mit Zucker mit dem vorherigen Ritual oder einem anderen Weihrauch reinigen.

Zauberspruch zum Anziehen von Geld.

An einem Vollmondtag legt man eine gewöhnliche Banknote in ein klares Kristallglas, füllt es bis zum Rand mit Zucker und lässt es die ganze Nacht im Licht des Vollmonds im Freien stehen.

Eine andere Möglichkeit ist, das Glas bis zur Hälfte mit Honig und die andere Hälfte mit Wasser zu füllen und drei Münzen hineinzulegen. Am nächsten Tag nehmen Sie den Geldschein oder die Münzen heraus und wickeln sie in Transparentpapier ein. Sie sollten es immer in Ihrer Brieftasche bei sich tragen.

Geld anziehen in 11 Tagen.

Bei Vollmond oder Halbmond stellen Sie die ganze Nacht eine Tasse mit Zucker und ein paar Münzen sowie einen Citrin quarz ins Freie. Am nächsten Tag nimmst du die Münzen heraus und verteilst sie an verschiedenen Stellen des Fußbodens in deinem Haus, in den Ecken, wenn du nicht auf sie treten willst, und bewahrst den Quarz in deiner Brieftasche auf. Den Zucker lässt du in einer Tasse in der Küche. Vor 11 Tagen wird das Geld zu Ihnen kommen. Wenn dies geschieht, vergrabe die Münzen und wirf den Zucker weg.

Zauberspruch mit Zucker und Meerwasser für Wohlstand.

Sie benötigen:

- Seewasser

- 3 Esslöffel Zucker

- 1 blauer Glasbecher

Füllen Sie die Tasse mit Meerwasser und Zucker, lassen Sie sie in der ersten Vollmondnacht im Freien stehen und nehmen Sie sie um 6:00 Uhr morgens aus der Heiterkeit. Dann öffnen Sie die Türen Ihres Hauses und beginnen Sie, das Zuckerwasser vom Eingang bis zum Boden zu besprühen, verwenden Sie eine Sprühflasche, während Sie es tun, müssen Sie in Ihrem Geist wiederholen: "Ich ziehe in mein Leben all den Wohlstand und Reichtum an, von dem das Universum weiß, dass ich ihn verdiene, danke, danke, danke".

Ritual zum sofortigen Anziehen von Geld.

Sie benötigen:

- 5 Zimtstangen

- 1 getrocknete Orangenschale

- 1 Liter Weihwasser

- 1 grüne Kerze

Zimt, Orangenschale und einen Liter Wasser zum Kochen bringen und die Mischung abkühlen lassen. Gießen Sie die Flüssigkeit in eine Sprühflasche. Zünde die Kerze im nördlichen Teil des Wohnzimmers deines

Hauses an und besprühe alle Räume, während du wiederholst: "Engel der Fülle, ich rufe deine Gegenwart in diesem Haus, damit es uns an nichts mangelt und wir immer mehr haben, als wir brauchen". Wenn Sie fertig sind, sagen Sie dreimal Danke und lassen Sie die Kerze brennen. Sie können dies an einem Sonntag oder Donnerstag zu den Stunden des Planeten Venus oder Jupiter tun.

Die besten Länder und Städte zum Leben

***Länder**: Deutschland, England, Dänemark, Polen, Palästina, Israel, Syrien, die Kaimaninseln und Japan.*

***Die Städte:** Birmingham, Oldham, Leicester, Blackburn, Florenz, Neapel, Havanna, Capua, Verona, Padua, Marseille, Krakau, Zaragoza, Utrecht und New York.*

Weihrauch und ätherische Öle für Geld

Ylang - Ylang ist ein beruhigendes ätherisches Öl, das hilft, Stress abzubauen. Es hilft auch, den Blutdruck und verringert die nervöse Spannung. Es ist ein ausgezeichnetes ausgleichendes Öl für fettige oder trockene Haut. Ylang-Ylang steht in dem Ruf, den Erfolg des Sternzeichens Widder zu fördern.

Pflanzen für Geld

Farn: Es ist eine Pflanze, die wir leicht in unseren Häusern platzieren können, sie ist bekannt dafür, dass sie Glück anzieht und sogar mit Schutz in Verbindung gebracht wird, diese Eigenschaften sind mit Wohlstand verbunden.

Quarz für Geld

Malachit: Er gilt seit jeher als kraftvoller und wertvoller Stein für materiellen Wohlstand. Die Eigenschaften und Anwendungen von Malachit sind seit Jahrhunderten bekannt.

Zauberspruch zum Anziehen des Seelenverwandten

Sie benötigen:

- Rosmarinblätter

- Blätter der Petersilie

- Basilikumblätter

- Metallkasserolle

- 1 rote herzförmige Kerze

- Ätherisches Zimtöl

- 1 Herz auf rotem Papier gezeichnet

- Alkohol

- Lavendelöl

Du musst zuerst die Kerze mit dem Zimtöl weihen, sie dann anzünden und neben die Metallschale stellen. Mischen Sie alle Pflanzen in der Schale. Schreiben Sie in das Papier Herz alle Eigenschaften der Person, die Sie in Ihrem Leben wollen, schreiben Sie die Details.

Geben Sie fünf Tropfen Lavendelöl auf das Papier und legen Sie es in die Pfanne. Beträufeln Sie es mit dem Alkohol und zünden Sie es an. Alle Überreste sollten am Meeresufer verstreut werden. Konzentriere dich dabei und bitte diese Person, in dein Leben zu kommen.

Ferien

Urlaub ist sowohl körperlich als auch geistig gesund. Es ist erwiesen, dass ein Urlaub das Stressniveau senkt und das Immunsystem stärkt. Manchmal verursacht die Urlaubsplanung Stress, weil es unendlich viele Möglichkeiten gibt und die Entscheidung zu einer Schimäre haften Aufgabe wird.

Mit Hilfe der Astrologie lässt sich aus dem Verständnis Ihrer Persönlichkeit der ideale Urlaubsort für Sie ableiten.

***Widder**, ein All-inclusive-Resort mit sportlichen Aktivitäten im Freien an einem warmen Ort wie Punta Cana, Cancún oder den Turks- und Caicosinseln wäre ideal. Australien ist ein aufregendes Land, das eine Fülle von Emotionen bietet, die Ihr Herz höherschlagen lassen.*

***Stier**, ein Aufenthalt in einem luxuriösen Resort auf den Cayman-Inseln oder ein luxuriöser Urlaub in Dubai, in einem Hotel, das alle Annehmlichkeiten bietet, wird sehr verlockend sein. Italien ist ein perfektes Land, denn dort finden Sie alles, wovon Sie schon immer geträumt haben: Liebe, Charme, Luxus, wunderbares Essen und erstklassige Weine.*

Zwillinge *lieben es, sich intellektuell zu beschäftigen. Reisen mit geführten Ausflügen wie eine Safari in Afrika oder die Erforschung der Tierwelt auf den Galapagos-Inseln bieten dem Tierkreis-Kommunikator ein luxuriöses Erlebnis.*

Krebs*, Kurztrips, umgeben von Familie und Freunden. Disney World, die Attraktionen und das vielfältige Angebot an Speisen sind eine Möglichkeit. In Orlando, Florida, gibt es mehrere fantastische Hotels und Resorts, jedes mit einem einzigartigen und faszinierenden Thema.*

Ein Aufenthalt in einem Bungalow über dem Meer in Tahiti ist für dieses Sternzeichen fantastisch. Eine andere luxuriöse Alternative, die der Löwe liebt, wäre eine private tropische Insel auf den Malediven, den Fidschi-Inseln oder den Jungferninseln zu mieten.

Jungfrau*, Italien ist Ihre beste Wahl. Dieses Land wird Sie gut beschäftigen. Als Erdzeichen sind Sie mit der Welt um Sie herum verbunden. Orte wie La Romana in der Dominikanischen Republik, Puerto Viejo in Costa Rica und Belo Horizonte in Brasilien werden Ihnen Leben einhauchen.*

Waage, ziehe Städte mit Museen vor. Ein Urlaub in den Tropen ist für die Waage nicht so befriedigend wie eine Besichtigung des Louvre in Paris, des Akropolis-Museums in Athen, Griechenland, des Prado-Museums in Madrid, Spanien oder der Uffizien in Florenz, Italien.

Skorpion, verbringen Sie ein paar Tage an einem abgelegenen Strand mit Alkohol und Massagen. In Griechenland, Bali, St. Martin oder Hawaii finden Sie all diese Annehmlichkeiten. Der Besuch von Kulturstätten in der Nähe Ihres Luxushotels wäre eine außergewöhnliche Kombination aus Tropen- und Kultururlaub. Mykonos und Roda in Griechenland sind perfekte Reiseziele.

Schütze, erkunde den Jakobsweg, ein Netz sehr unterschiedlicher Wege, die alle zur Stadt Santiago de Compostela führen. Jeder Weg hat seine Geschichte, sein Erbe und seine Magie. Der Schütze ist ein Reisender, der sich nach neuen Erfahrungen sehnt. In Irland werden Sie alles finden, was Sie suchen.

Steinbock, ein zielorientiertes Zeichen. Ferien, in denen Sie neue Geschäftsbeziehungen knüpfen können. China wäre spektakulär. Steinbock hat einen Sinn für *historische Werte, den andere Zeichen nicht haben. In Ländern wie Israel und Ägypten, in denen die Geschichte präsent ist, werden Sie sich zu Hause fühlen.*

***Der Wassermann** liebt neue Ideen, unbekannte Orte und neue Beziehungen. Ein fantastisches Land, das man besuchen könnte, wäre Japan, nicht nur wegen seiner faszinierenden Geschichte und Kultur, sondern weil jede seiner Regionen etwas anderes zu bieten hat.*

***Fische**, ein Wasserzeichen, das sich über tropische Urlaube freut. Ein Hotel direkt am Strand wäre ideal. Die Insel "La Dique" in der Republik der Seychellen, vielleicht der schönste Strand der Welt, wird ein sicherer Erfolg sein. Fische haben eine ruhige Lebenseinstellung und werden von Neptun regiert, was Sie zu einem kreativen Denker macht. Schweden ist ein Land, das er besuchen sollte, weil er dort eine Kultur vorfindet, die so innovativ ist wie er selbst.*

Wer ist dein Seelenverwandter nach deinem Sternzeichen?

Wenn wir den Begriff "Seelenverwandte" hören, denken wir in der Regel an die Mitglieder eines Paares, d. h. an jemanden, mit dem man eine starke gefühlsmäßige und sexuelle Verbindung hat. Echte Seelenverwandte haben jedoch nicht immer eine solche Beziehung zueinander und sind oft nicht einmal an dem sexuellen Aspekt einer Beziehung interessiert.

Ihr Seelenverwandter kann nicht nur Ihr Partner sein, sondern auch Ihre Eltern, Freunde, Kinder, Großeltern, Ihr Chef oder Ihre Schwester.

Aus astrologischer Sicht und in Anbetracht der Tatsache, dass die Lektionen, die wir lernen müssen, bevor wir die nächste spirituelle Ebene erreichen, diejenigen sind, die die Art der affektiven Beziehungen bestimmen, die wir heute im Leben entwickeln müssen, können wir sagen, dass Krebs und Fische Seelenverwandte des Widders sind.

Mit Krebs und Fische kann der Widder sich nicht nur besser konzentrieren und Konflikte gewaltfrei lösen, sondern auch Empathie entwickeln, d. h. die Fähigkeit, sich in den anderen hineinzuversetzen und zu lernen, zu teilen.

Diese beiden Zeichen mögen keine Konflikte, und wenn sie doch entstehen, ziehen sie den Dialog jeder Episode von Brutalität vor.

Der Widder kann dem Krebs und den Fischen beibringen, nicht auf die Zustimmung anderer angewiesen zu sein, risikofreudiger zu sein und nicht zu versuchen, es allen recht zu machen, d.h. durchsetzungsfähiger zu sein.

Der sinnliche Stier, Feind des Wandels und Verwandter der Trägheit, hat als Seelenverwandte Schütze und Zwillinge, zwei Zeichen, die wissen, dass das Leben eine faszinierende Reise ist, aber keine statische Reise.

Sie können dem Stier beibringen, dass er nicht aus Angst vor Ungewissheit dortbleiben muss, wo er nicht mehr sein muss, und dass es immer bestimmte Situationen oder Umstände geben wird, die eintreten werden, ohne dass wir sie erwarten und ohne, dass wir die Macht haben, sie zu ändern. Der Stier hat diesen Zeichen auch viel zu lehren.

Lektionen über Willenskraft, Verpflichtungen gegenüber anderen, Engagement für das, was sie tun, und Beharrlichkeit, ohne Eile oder Langsamkeit, bis zum Ende durchzuhalten. Prinzipien zu haben und klug zu sein.

Der Löwe kann mit seinen Seelenverwandten, die der Waage und dem Wassermann angehören, eine Menge Karma ausgleichen.

Ein Löwe hält vielleicht aus Eitelkeit an einer falschen Idee oder Meinung fest; Waage und Wassermann wissen, dass hinter einer egozentrischen Person ein geringes Selbstwertgefühl steckt.

Die Waage lehrt den Löwen Gleichmut und Toleranz, Argumentation und Diplomatie, um eine reibungslose Kommunikation zu gewährleisten. Wassermann, das gegenüberliegende Zeichen von Löwen, ausgestattet mit einem objektiven und fairen Urteil, da sie nie von Vorurteilen beeinflusst werden, wird Löwe lehren, die Herzen der Menschen zu sehen, ihre Schulter anzubieten und mitfühlende Worte in Zeiten der Not zu geben.

Der Löwe zögert nie, wenn er Entscheidungen trifft, und wenn doch, dann manifestiert er sie nicht, etwas, das die Waage praktizieren sollte.

Treue ist ein Markenzeichen des Löwen, etwas, das der Wassermann nicht kennt, und die kleinen Löwen können ihm moralische Lektionen erteilen.

Die Jungfrau, die wegen ihrer immensen Angst vor dem Scheitern als Perfektionist bekannt ist, hat Skorpion und Steinbock als Seelenverwandte. Jungfrauen sind gerne streng in ihren Entscheidungen und haben einen Prototyp in fast jedem Aspekt ihres

Lebens. Diese Selektivität hält sie davon ab, der Bewegung des Lebens zu folgen.

Die Jungfrau wird ein ganzes Projekt buchstäblich in der Luft zerreißen, wenn sie das Gefühl hat, dass es nicht von Anfang an perfekt war, was ein Steinbock niemals tun würde, da ihr Weitblick sie erkennen lässt, dass es immer Alternativen gibt, ohne von vorne anfangen zu müssen.

Der Steinbock ist ein Zeichen, das sich seines eigenen Raumes sicher ist, er trifft keine sinnlosen Entscheidungen, wie es die Jungfrau manchmal tut.

Andererseits kann der Skorpion das Schlimmste abmildern und das Beste der Jungfrau verstärken. Skorpion und Jungfrau haben eine praktische Herangehensweise an das Leben; allerdings ist der Skorpion viel mehr ein Lebenskünstler als die Jungfrau. Der Skorpion bringt die Entschlossenheit mit, die der Jungfrau fehlt, und die Jungfrau bringt dem leidenschaftlichen Skorpion Kontrolle und Rationalität.

Die Jungfrau wird den Steinbock an seiner Seite angenehmer und spielerischer machen und ihn von der übermäßigen Ernsthaftigkeit, die er oft an den Tag legt, isolieren.

Wahnsinn und die Tierkreiszeichen

Der Wahnsinn hat sich im Laufe der Geschichte als eine obskure, rätselhafte und widersprüchliche Wahrheit erwiesen. Er hat uns Angst gemacht, wir haben ihn ignoriert und sogar akzeptiert, und infolgedessen wurden die Menschen, die angeblich unter ihm litten, abgelehnt, eliminiert und auch geehrt.

Jedes Verhalten, das nicht mit unseren Überlegungen übereinstimmt, ist nicht unbedingt ein Akt des Wahnsinns, sondern eine andere Vorgehensweise.

Es ist ein Fehler, wenn wir, wenn wir uns von den Handlungen oder Dummheiten anderer betroffen oder verärgert fühlen, diese verbannen, denn das macht uns nicht vernünftiger, ausgeglichener oder vollkommener, sondern macht uns genauso verrückt.

Die Definition von Unzurechnungsfähigkeit ist ebenso komplex wie die von Vernunft, aber alle Sternzeichen haben ihren Grad an Unzurechnungsfähigkeit.

Krebs*: Sie sind temperamentvoll. Dies führt dazu, dass sie von außen betrachtet eine unverständliche Persönlichkeit haben. Die Popularität der Verrückten beruht auf ihrem widersprüchlichen Charakter, der die Menschen um sie herum manchmal verstört.*

Skorpion: *Sie brauchen Veränderung, um glücklich zu sein, sie können verrückte Dinge tun, nur um ein wenig Action zu erzeugen. Für sie ist es normal, einen Ausbruch zu haben, weil sie süchtig nach Veränderung und Aufregung sind.*

Fische: *Es ist für sie unmöglich, dich nicht mit ihrer Unausgewogenheit anzustecken. Ihre Instabilität und ihr Ungleichgewicht stören die Menschen um sie herum. Sie sehen alles rosig, was dazu führt, dass sie als verrückt bezeichnet werden, weil sie immer auf einer Wolke schweben.*

Zwillinge: *Er ist berühmt für seine Dualität. Sie sind manchmal in Konflikt mit sich selbst. Sie lieben Herausforderungen, die Gefahren mit sich bringen. Sie lieben es, improvisierte Abenteuer zu planen und sind immer bereit, die Grenzen des maximalen Wahnsinns zu überschreiten.*

Löwe: *Wenn sich das Feuer in ihrem Kopf festsetzt, denken sie, dass alles, was ihr Leben umgibt, dringender ist als alles andere. Sie sind extravagant und haben Einstellungen, die für andere als verrückt gelten. Sie können Dinge tun, die ein vernünftiger Mensch niemals tun würde.*

Widder: *Sie stören sich selbst und alle um sie herum. Sie sind stur und wollen in allem der Erste sein, auch wenn sie dafür verrückte Dinge tun müssen. Sie wissen nicht, wie man sich zurückziehen, etwas, das sie zu irrationalen Handlungen führt.*

Wassermann: *Ein revolutionäres und freies Zeichen, das sich nicht im Geringsten um die Meinung kümmert, die sie von ihm haben. Es handelt in einer kapriziösen Art und Weise, mit absurden Haltungen, die die Paradigmen zu brechen.*

Schütze: *Er ist lustig, aber gewalttätig mit seinem Wunsch nach Aktion. Sie wissen nicht, wie man die Folgen ihres Handelns zu messen, etwas, das viele als Wahnsinn. Es ist nicht verwunderlich, sie völlig ungezügelt zu sehen, die Überquerung des Terrains der Verantwortungslosigkeit.*

Waage: *Sie sehnen sich nach Glück und Harmonie, und um das zu erreichen, sind sie bereit, alles Verrückte zu tun. Sie sind instabil, und das führt sie dazu, ihre Verpflichtungen zu brechen, etwas, das viele für verrückt halten.*

Jungfrau: *Sie gehen bis zum Äußersten und werden obsessiv. Sie haben eine Vision von dem, was sie wollen, in Stein gemeißelt, niemand kann ihnen Ratschläge geben, sie lassen sich nicht leiten. Wenn sie nicht zuhören, begehen sie verschiedene Dummheiten.*

Stier: *Wenn ihnen eine Idee in den Sinn kommt, gibt es niemanden, der sie vertreibt, und sie begehen sogar verrückte Dinge, um ihre Hypothese zu untermauern. Versuchen Sie, ihre Geduld auf die Probe zu stellen, und Sie werden feststellen, wie weit ihre Verrücktheit geht.*

Steinbock: *Er vergisst absolut nichts, nicht verzeihen und noch viel weniger, vergisst, wenn Sie etwas falsch machen, keine Sorge, weil er Sie ein Leben lang daran erinnern, um Sie völlig verrückt zu machen. Steinbock ist wahnsinnig obsessiv über die Kontrolle.*

Die Psychologie hinter der Lotterie.

Lotteriespiele sind in der ganzen Welt sehr beliebt.

Wir alle haben den unmöglichen Traum, im Lotto zu gewinnen, denn die Illusion, durch einen Glücksfall Millionär zu werden, auch wenn die Chancen minimal sind, ist der Hauptgrund, warum Menschen spielen.

Die Spieler nehmen wahr, dass die Kosten für das Lotterielos im Verhältnis zu den Gewinnen, die sie im Falle eines Gewinns erzielen würden, verschwindend gering sind. Wir nehmen Risiken immer emotional wahr, und wenn sie uns Freude bereiten, neigen wir dazu, das Risiko als unbedeutend zu betrachten und das Gefühl der Gefahr zu neutralisieren, indem wir uns nur auf die Vorteile konzentrieren.

Die Spieler sehen in der Lotterie eine einmalige Gelegenheit, mit geringem Geldeinsatz und geringem Risiko einen Gewinn zu erzielen.

Spiele haben sowohl traditionelle als auch abergläubische Aspekte. Manche Menschen spielen immer dieselben Zahlen, weil sie ihre Lieblingszahlen sind, weil sie sie mit einem wichtigen Datum in Verbindung bringen oder weil sie sie geträumt haben.

Andere spielen zu einer bestimmten Zeit, an einem bestimmten Tag oder an einem bestimmten Ort. Wenn wir denken, dass wir die Kontrolle haben, fühlen wir uns zuversichtlich, denn wenn wir die Zahlen selbst auswählen, anstatt nach dem Zufallsprinzip zu spielen, obwohl die Chancen, richtig zu liegen, die gleichen sind, haben wir den Eindruck, dass wir das Schicksal kontrollieren und dass die Chancen zu unseren Gunsten stehen.

Es gibt Leute, die nur zum Spaß spielen, in diesen Fällen geht die Lotterie über die wirtschaftlichen Kosten hinaus und wird zu einem Spaß, der belebt wird, wenn sie sich ausmalen, was sie mit dem Geld, das sie erwerben würden, alles machen könnten.

Es gibt fünf psychologische Beschreibungen der einzelnen Lottospieler:

Der Abenteurer, der von Spielen um große Geldsummen, von Spekulationen mit Zufallszahlen und mit geplanten Zahlen verzaubert ist.

Der Konkurrent, der darauf besteht, durch Glücksspiele zu zeigen, dass er auf Sieg wettet.

Der Gierige, der dem Glücksspiel keine Grenzen setzt und sich nicht scheut, beim Wetten Risiken einzugehen.

Der Taktiker, der niemals riskant spielt, sucht nach Taktiken, Strategien und numerischen Sets, wenn er die Zahlen spielt.

***Der abergläubische Mensch**, der immer die gleichen Zahlenkombinationen spielt, verwendet Talismane, Rituale oder kauft seine Lose an einem bestimmten Datum und Ort.*

Gibt es einen Trick oder eine Formel, um im Lotto zu gewinnen?

Diese Frage ist noch immer unbeantwortet. Viele spekulieren und behaupten, dass es wahrscheinlicher ist, vom Blitz getroffen zu werden, bevor man im Lotto gewinnt. Andere wiederum studieren die Chancen mit großer Ausdauer und Raffinesse.

Das Lottospiel oder jedes andere Glücksspiel, wenn es mit Bedacht betrieben wird, ist ein billiger Weg, um Illusionen und Vertrauen in die Zukunft zu kaufen. Kompliziert wird es, wenn die Person ihren Spieltrieb nicht kontrollieren kann, so dass eine Spielsucht entsteht und sie in die Spielsucht verfällt.

Ein Spielsüchtiger ist ein Mensch, dem das Glücksspiel große Schwierigkeiten bei der Arbeit und in seinen familiären Beziehungen bereitet, da Verluste ihn dazu verleiten, größere Geldbeträge zu verspielen, um das verlorene Geld zurückzugewinnen. Dies wird zu einem Teufelskreis, der nur durch eine psychotherapeutische Behandlung gelöst werden kann.

Die besten Geschenke für Tierkreiszeichen.

Schenken ist ein universelles Mittel, um zu zeigen, dass wir uns um jemanden kümmern und ihn schätzen, aber es kann eine Herausforderung sein, und für manche ein echtes Kopfzerbrechen.

Auch hier können Ihnen die Planeten helfen. Wenn Sie das Sternzeichen der Person kennen, können Sie vielleicht das ideale Geschenk machen.

Feuerzeichen: Widder, Löwe und Schütze mögen Geschenke, die ihnen das Gefühl geben, wichtig zu sein, und die mit Sport, Reisen und Technik zu tun haben.

Eine professionelle Digitalkamera, das neueste iPhone-Modell, ein Flugticket mit Hotel zu einem exotischen Touristenort oder mit historischem Hintergrund, Geschäftsbücher, Sportbekleidung oder Fitnessgeräte, Lotterielose, Flaschen mit edlem Wein und exklusive Markenschuhe werden diesen Zeichen sehr gefallen.

Stier, Jungfrau und Steinbock, die dem Erdelement angehören, sind manchmal traditionell, aber das bedeutet nicht, dass sie keine Geschenke von anerkannten Marken mögen.

Ein Gemälde eines berühmten Malers, ein Gürtel oder eine Aktentasche für ihre Arbeitspapiere, eine Brieftasche mit ihren Initialen, Markenparfüms, Massagen oder Körperbehandlungen, ein Haustier, Bademäntel, kuschelige Pyjamas oder sogar Aromatherapie-Diffusoren werden sie glücklich machen.

Luftzeichen: Zwillinge, Waage und Wassermann *sind nicht materialistisch, und die Funktionalität eines Geschenks ist viel wichtiger als der Preis. Ihre Fantasie ist reichlich vorhanden, und alles, was diese Fähigkeit anregt, spricht sie an.*

Ein Handy, ein Computer oder ein iPad, Bücher über persönliches Wachstum, Spiritualität, Philosophie und alternative Therapien, Selbsthilfe- und Wirtschaftskurse, ein Teleskop, Karten für die Oper oder das Theater, ein Tier, das nicht eingesperrt werden muss, Quarz, ätherische Öle, Weihrauch und After-Bath-Colognas werden von diesen Zeichen sehr geschätzt.

Krebs, Skorpion und Fische*, die Wasserzeichen, lieben personalisierte Geschenke. Kochutensilien, ein romantisches Abendessen am Strand unter dem Mondschein, eine entspannende Massage in einem Spaß, gewagte Dessous, Hausschuhe oder ein* bequemes Sofa zum Fernsehen, eine Flasche Champagner, Duftkerzen, Amulette, Astrologie Bücher, ein Satz von Tarot-Karten, Lotionen, Parfums und Beauty-Accessoires, Wein, Kekse, Konserven und alle Arten von Gourmet-Produkten sind auf der Liste der Geschenke, die diese Zeichen mit großer Freude annehmen werden.

Schenken ist ein Segen, es ist eine Geste der Großzügigkeit; Schenken ist ein symbolischer Akt, der ein Kompliment darstellt, eine Aufmerksamkeit für jemanden, den wir erfreuen wollen, und der die Zuneigung symbolisiert, die wir bekunden.

Wenn wir Geschenke machen, werden Beziehungen verbessert und gestärkt, und es entsteht Freude.

Die Tierkreiszeichen und ihre Ängste.

Die zwölf Tierkreiszeichen symbolisieren zwölf wesentliche Archetypen der menschlichen Persönlichkeit, sind aber gleichzeitig auch psychologische Prototypen, weshalb jedes der Tierkreiszeichen eine ganz spezifische und persönliche Angst hat.

Wir sollten uns daran erinnern, dass Angst ein wesentlicher menschlicher Alarm- und Abwehrmechanismus ist. Sie wird nur dann zum Problem, wenn sie übermäßig ist.

Ängste sind Unsicherheiten und manchmal projizieren wir sie mit den entgegengesetzten Handlungen, wie es der Fall des Widder-Zeichens ist; anerkannt für ihren eisernen Willen, nichts und niemand lähmt sie. Sie lieben es, alles zu kontrollieren, und ihre tief verwurzelte Angst ist es, zu versagen oder um Hilfe zu bitten, weil dies für sie ein Synonym für Schwäche ist.

__Der Stier__ ist das sturste der Erdzeichen. Veränderungen machen ihm Angst, und wenn ihm das Geld ausgeht, verbringt er sein Leben mit Sparen, denn Armut macht ihm Angst.

Zwillinge, die Kommunikatoren des Tierkreises, sind ein wenig ängstlich und unsicher, sie versuchen, Aufmerksamkeit zu erregen, weil sie fürchten, langweilig auszusehen. Legitime Kinder des Mondes, Cancers lieben ihre Sicherheitszone, weil niemand sie dort verletzen kann, sie haben Angst vor Einsamkeit und Ablehnung.

Der Löwe, der König des Tierkreises, der Anführer und der Mutige, wurde nicht geboren, um zu verlieren. Ihre größte Angst ist es, unbemerkt zu bleiben; sie ziehen es vor, schlecht gemacht zu werden, aber nicht ignoriert zu werden.

Die Meisterin der Ordnung *Jungfrau* wird manchmal zwanghaft, wenn es um ihre Gesundheit geht, und ist daher eine Hypochonderin. Ihre größte Angst ist es, krank zu werden, aber die Unordnung macht ihnen mehr Angst als alles andere.

Außerordentlich intelligente *Waagen* sind unentschlossen, und genau darin liegt ihre größte Angst: Entscheidungen zu treffen. Eine weitere ihrer Ängste ist die Einsamkeit.

Die rätselhaften und verführerischen **Skorpione** *haben ein Elefantengedächtnis, sie fürchten sich vor Verrat, und wenn du etwas tust, was ihnen nicht gefällt, werden sie es dir für immer vorenthalten. Behalte niemals ein Geheimnis vor einem Skorpion.*

Als Abenteurer des Tierkreises hat der **Schütze** *Angst, sich zu binden, denn die Anforderungen sind erschreckend. Sie sind sehr lustig, aber hinter diesem Lächeln verbirgt sich die Angst, betrogen zu werden.*

Capricorn *sind anspruchsvoll und weichen nie von ihren Zielen ab; ihre größte Angst ist es, Fehler zu machen, vor allem auf beruflicher Ebene. Sie sind aufopferungsvoll und haben Angst, ihre Träume nicht zu verwirklichen.*

Die rebellischen und utopischen **Wassermänner** *fürchten, ihre Freiheit zu verlieren, denn das würde bedeuten, ihr eigenes Wesen zu verlieren. Sie haben immer viele Freundschaften, aber keine von ihnen bindet sie. Sie brauchen die Gruppe, wollen aber nicht, dass die Gruppe sie braucht.*

Frieden ist ein Synonym für **Fische**, *sie hassen Konfrontationen. Durch und durch mitfühlend, haben sie Angst, andere leiden zu sehen. Sie sind ein wenig* *unsicher, haben Lampenfieber und Angst vor Ablehnung.*

In einigen alten Astrologie Büchern wird Saturn für die Angst in einem Geburtshoroskop verantwortlich gemacht. Ich denke, dass für die Entstehung von Angst die Allianz mehrerer Planeten mit ihren entsprechenden Energien erforderlich ist.

Das heißt, Ängste werden von mehreren Planeten repräsentiert, die durch Aspekte miteinander verbunden sind, es gibt keinen bestimmten Planeten, der zwangsläufig mit der Entwicklung irgendeiner Art von Angst verbunden ist.

Mond in Widder

Der Mond in einem Feuerzeichen hat mit Aktion zu tun. Feuer ist intensiv und es geht darum, die eigene Identität zum Ausdruck zu bringen.

Wenn Ihr Mond im Zeichen Widder steht, neigen Sie vielleicht dazu, undifferenziert und ohne bestimmte Richtung zu reagieren. Dieser Mond muss hemmungslos handeln, aber Sie müssen lernen, Ihre persönlichen Grenzen zu erkennen, die Verantwortung für Ihr Handeln zu übernehmen und sich selbst zu beherrschen.

Menschen mit dem Mond im Widder fühlen sich sicher, wenn sie ihre Gefühle frei ausdrücken können. Und sie fühlen sich eingeschränkt oder bedroht, wenn sie auf Hindernisse oder Herausforderungen stoßen, die sie begrenzen oder einschränken und ihnen nicht erlauben, sich frei zu äußern.

Das Wichtigste für einen Menschen mit Mond in Widder ist es, frei zu sein, impulsiv und ohne Einschränkungen zu handeln. Das ist nicht immer möglich. Menschen mit dem Mond im Widder müssen sich bemühen, andere nicht zu beeinflussen. Sie müssen Selbstbeherrschung und Selbstdisziplin lernen.

Feuerzeichen neigen dazu, sich bis zum Äußersten fröhlich oder verärgert zu fühlen. Wenn sie glücklich oder wütend sind, weiß das jeder. Aber sie sind nicht boshaft, sie drücken aus, was sie fühlen, und das war's dann auch schon.

Die Bedeutung des Aszendenten Zeichens

Das Sonnenzeichen hat einen großen Einfluss darauf, wer wir sind, aber der Aszendent ist das, was uns wirklich ausmacht, und das könnte sogar der Grund sein, warum Sie sich mit einigen Eigenschaften Ihres Sternzeichens nicht identifizieren.

Wenn du dein Horoskop liest, fühlst du dich manchmal identifiziert und es gibt einigen Vorhersagen einen Sinn, und das passiert, weil es dir hilft zu verstehen, wie du dich fühlen könntest und was mit dir passieren wird, aber es zeigt dir nur einen Prozentsatz dessen, was wirklich sein könnte.

Der Aszendent hingegen unterscheidet sich vom Sonnenzeichen, weil er widerspiegelt, wer wir oberflächlich gesehen sind, d.h. wie andere uns sehen oder welche Energie wir auf andere übertragen, und das ist so real, dass es sein kann, dass Sie jemanden treffen und, wenn Sie sein Zeichen vorhersagen, sein Aszendenten Zeichen und nicht sein Sonnenzeichen entdeckt haben.

Zusammenfassend lässt sich sagen, dass die Eigenschaften, die man bei einer Person sieht, wenn man sie zum ersten Mal trifft, der Aszendent ist, aber da unser Leben von der Art und Weise beeinflusst wird, wie wir mit anderen in Beziehung treten, hat der

Aszendent einen großen Einfluss auf unser tägliches Leben.

Es ist etwas kompliziert zu erklären, wie das aufsteigende Zeichen berechnet oder bestimmt wird, denn es ist nicht die Position eines Planeten, die es bestimmt, sondern das Zeichen, das zum Zeitpunkt Ihrer Geburt am östlichen Horizont aufstieg, im Gegensatz zu Ihrem Sonnenzeichen, das vom genauen Zeitpunkt Ihrer Geburt abhängt.

Dank der Technologie und des Universums ist es heute einfacher denn je, diese Informationen zu wissen, natürlich, wenn Sie Ihre Geburtszeit kennen, oder wenn Sie eine Vorstellung von der Zeit haben, aber es gibt nicht eine Marge von mehr als Stunden, denn es gibt viele Websites, die die Berechnung durch die Eingabe der Daten zu machen, astro.com ist einer von ihnen, aber es ist unendlich.

Auf diese Weise können Sie, wenn Sie Ihr Horoskop lesen, auch Ihren Aszendenten lesen und mehr persönliche Details erfahren. Sie werden sehen, dass sich von nun an, wenn Sie dies tun, Ihre Art, das Horoskop zu lesen, ändern wird, und Sie werden wissen, warum dieser Schütze so bescheiden und pessimistisch ist, wenn er in Wirklichkeit so übertrieben und optimistisch ist, und das liegt vielleicht daran, dass er einen Steinbock-Aszendenten hat, oder weil dieser Skorpion-Kollege immer über alles redet, zweifellos hat er einen Zwillinge-Aszendenten.

Ich werde die Eigenschaften der verschiedenen Aszendenten zusammenfassen, aber auch das ist sehr allgemein, da diese Eigenschaften durch Planeten in Konjunktion mit dem Aszendenten, durch Planeten, die den Aszendenten aspektieren, und durch die Position des herrschenden Planeten des Zeichens auf dem Aszendenten verändert werden.

Zum Beispiel wird eine Person mit einem Aszendenten in Schütze und ihrem herrschenden Planeten Jupiter in Widder etwas anders auf die Umwelt reagieren als eine andere Person, ebenfalls mit einem Aszendenten in Schütze, aber mit Jupiter in Skorpion.

In ähnlicher Weise wird sich eine Person mit einem Fische-Aszendenten, die Saturn in Konjunktion zu ihm hat, anders "verhalten" als jemand mit einem Fische-Aszendenten, der diesen Aspekt nicht hat.

All diese Faktoren verändern den Aszendenten, Astrologie ist sehr komplex, und Horoskope werden nicht mit Tarotkarten gelesen oder erstellt, denn Astrologie ist nicht nur eine Kunst, sondern auch eine Wissenschaft.

Es kommt häufig vor, dass diese beiden Verfahren verwechselt werden, denn obwohl es sich um zwei völlig unterschiedliche Konzepte handelt, haben sie einige Gemeinsamkeiten. Eine dieser

Gemeinsamkeiten liegt in ihrem Ursprung begründet und besteht darin, dass beide Verfahren seit der Antike bekannt sind.

Sie ähneln sich auch in den verwendeten Symbolen, da beide mehrdeutige Symbole darstellen, die interpretiert werden müssen, was eine spezielle Lektüre und Ausbildung erforderten, um zu wissen, wie diese Symbole zu interpretieren sind.

Es gibt Tausende von Unterschieden, aber einer der wichtigsten ist, dass, während im Tarot die Symbole sind vollkommen verständlich auf den ersten Blick, wobei figurative Karten, obwohl es notwendig ist, zu wissen, wie man sie gut zu interpretieren, in der Astrologie beobachten wir ein abstraktes System, das notwendig ist, um zu wissen, vorher zu interpretieren, und natürlich muss gesagt werden, dass, obwohl wir erkennen können, die Tarot-Karten, jeder kann nicht interpretieren sie richtig.

Die Deutung ist auch ein Unterschied zwischen den beiden Disziplinen, denn während des Tarots keinen genauen Zeitbezug hat, da die Karten nur dank der im entsprechenden Legesystem gestellten Fragen zeitlich eingeordnet werden, bezieht sich die Astrologie auf eine bestimmte Stellung der Planeten in der Geschichte, und die von beiden verwendeten Deutungssysteme sind diametral entgegengesetzt.

Das Horoskop ist die Grundlage der Astrologie und der wichtigste Aspekt bei der Erstellung von Vorhersagen. Das Horoskop muss perfekt ausgearbeitet sein, damit die Lesung erfolgreich ist und man mehr über die Person erfährt.

Um ein Geburtshoroskop zu erstellen, muss man alle Daten über die Geburt der betreffenden Person kennen.

Sie muss genau bekannt sein, vom genauen Zeitpunkt der Lieferung bis zum Ort, an dem sie geliefert wurde.

Die Stellung der Planeten zum Zeitpunkt der Geburt verrät dem Astrologen die Punkte, die er für die Erstellung des Geburtshoroskops benötigt.

In der Astrologie geht es nicht nur darum, die Zukunft zu kennen, sondern auch darum, die wichtigen Punkte Ihrer Existenz, sowohl in der Gegenwart als auch in der Vergangenheit, zu kennen, um bessere Entscheidungen für Ihre Zukunft zu treffen.

Die Astrologie hilft Ihnen, sich selbst besser kennenzulernen, so dass Sie die Dinge, die Sie blockieren, ändern oder Ihre Qualitäten verbessern können.

Und wenn das Horoskop die Grundlage der Astrologie ist, so ist die Tarot-Lesung von grundlegender Bedeutung für diese Disziplin. Wie derjenige, der Ihnen das astrologische Horoskop macht, wird der

Seher, der Ihnen die Tarot-Lesung macht, der Schlüssel zum Erfolg Ihrer Lesung sein, so ist es am besten für Tarot-Leser empfohlen zu fragen, und obwohl sicherlich können Sie nicht speziell auf alle Fragen, die Sie fragen sich in Ihrem Leben zu beantworten, eine korrekte Lesung der Tarot-Streuung, und die Karten, die in der Rolle kommen, wird Ihnen helfen, über die Entscheidungen, die Sie in Ihrem Leben machen.

Zusammenfassend lässt sich sagen, dass Astrologie und Tarot sich der Symbolik bedienen, aber die wichtigste Frage ist, wie diese Symbolik interpretiert wird.

Eine Person, die beide Techniken beherrscht, wird zweifellos eine große Hilfe für die Menschen sein, die sie um Rat fragen.

Viele Astrologen kombinieren beide Disziplinen, und die regelmäßige Praxis hat mich gelehrt, dass beide in der Regel sehr gut ineinander übergehen und eine bereichernde Komponente in allen Vorhersagefragen darstellen, aber sie sind nicht dasselbe, und man kann weder ein Horoskop mit Tarotkarten erstellen noch eine Tarot Deutung mit einem astrologischen Horoskop.

Aszendent in Widder

Wenn der Aszendent im Widder steht, bedeutet das, dass der Deszendent im Zeichen Waage steht.

Menschen mit dem Zeichen Widder am Aszendenten sind spontan und ehrlich. Sie nähern sich dem Leben auf eine energische und direkte Weise.

Dieser Aszendent neigt dazu, impulsiv zu handeln und kann nicht warten, bis etwas passiert. Sie sind sehr energisch, selbstbewusst und sind Pioniere in allem, was sie tun.

Wenn diese Menschen besser werden wollen, müssen sie lernen, ihren Schwung zu kontrollieren und die Dinge ruhiger anzugehen.

Die Ungeduld des Aszendenten im Widder kann Ihnen Probleme in persönlichen Beziehungen bereiten, da viele Menschen Ihnen das mangelnde Interesse an Ihren Plänen und Ideen übelnehmen werden.

Menschen mit Widder am Aszendenten sind in der Regel selbständig, energisch und sehr instinktiv. Sie sind immer bereit, neue Ideen und Pläne in die Tat umzusetzen.

Widder - Widder-Aszendent

Alle oben beschriebenen Eigenschaften werden hier verstärkt.

Sie haben eine starke und enthusiastische Persönlichkeit. Im Arbeitsbereich fallen sie immer auf, besonders bei Arbeiten, die körperliche Anstrengung erfordern.

In der Liebe sind sie sehr emotional, sie können eifersüchtig werden.

Widder mit Aszendenten in Widder haben wenig Geduld und handeln unüberlegt. Eines ihrer Hauptprobleme ist, dass sie viele Projekte beginnen, aber nicht in der Lage sind, sich darauf zu konzentrieren, eines von ihnen zu beenden.

Stier - Widder-Aszendent

Menschen mit dem Sternzeichen Stier und dem Aszendenten im Widder sind entschlossene und kämpferische Menschen. Die Verbindung dieser Zeichen ist eine großartige Kombination, die die Sturheit des Stiers mit der Initiative des Widders vereint.

Diesen Menschen fällt es leichter, alles zu Ende zu bringen, was sie beginnen, denn der Stier bringt die Geduld und Umsicht mit, die dem Widder fehlt.

Bei der Arbeit sind sie gut gelaunte Menschen mit dem Ziel, ein friedliches Leben zu führen.

Was Beziehungen angeht, so geben und nehmen sie gerne gleichermaßen, sie fühlen sich zu Stabilität hingezogen und suchen daher immer nach langfristigen Partnern. Allerdings können sie sehr eifersüchtig und besitzergreifend sein und brauchen viel Aufmerksamkeit in ihren Beziehungen.

Zwillinge - Aszendent Widder
Zwillinge mit Aszendenten in Widder haben das Glück, dass die angeborenen Zwillingsqualitäten verstärkt werden und sie eine große Fähigkeit zur Kommunikation und zum Aufbau von Beziehungen entwickeln.

Sie sind kommunikative und sehr intellektuelle Menschen. Im Arbeitsbereich ist dies von großem Nutzen, da sie sich verständlich machen, Pläne vorschlagen und ein gegenseitiges Verständnis mit anderen erreichen können.

In ihren Beziehungen sind sie sehr emotional, was dazu führen kann, dass sie Probleme haben, langfristige Beziehungen einzugehen. Positiv ist jedoch, dass sie in der Regel unkomplizierte Beziehungen haben.

Wenn die Widder-Seite zu stark hervortritt, können diese Menschen leichtsinnige Handlungen begehen, unüberlegt sprechen oder zu viel reden, was ihnen Probleme bereiten kann.

Krebs - Widder-Aszendent

Krebse mit Aszendenten in Widder sind Menschen, die sich für ihre Familie einsetzen und sie mit aller Kraft verteidigen.

Hier trifft der häusliche Ehrgeiz des Krebses auf die Stärke des Widders, was zu hartnäckigen Idealen von dem führt, was sie als Familie betrachten.

Was diese Menschen am meisten interessiert, ist die Möglichkeit, ihr Zuhause mit den Menschen, die sie lieben, zu genießen. Durch die Grobheit des Widders sind sie jedoch weniger emotional, als es ein Krebs normalerweise sein würde. Nichtsdestotrotz sind sie sehr liebevolle Menschen, die dank des Widder-Impetus auch über eine starke Entscheidungsfähigkeit verfügen, wenn es darum geht, Herausforderungen zu meistern.

Im Arbeitsbereich sind es Menschen, die Stabilität brauchen und dazu neigen, Unternehmen zu gründen, die die Familie einbeziehen.

Im sentimentalen Bereich macht die Natur des Krebszeichens sie zu Menschen, die anhänglich sind und sich leicht begeistern lassen.

Der negative Aspekt dieser Kombination liegt in ihren Emotionen, da sie durch diese konditioniert sind und es manchmal schwierig finden, eine angemessene Lösung für Probleme zu finden, weil sie Angst haben, sich ihnen zu stellen.

Löwe - Aszendent Widder

Löwe mit Widder-Aszendent hat großen Mut und den Drang, mit diesem Mut zu handeln.

Sie sind von Natur aus charmante Menschen; sie lieben es, zu reisen und Erfahrungen aller Art zu machen. Erfahrungen, die sie mit Weisheit ausstatten, um die vielen Herausforderungen zu bewältigen, die auftreten können.

Sie sind Menschen mit sehr ausgeprägten und starken Persönlichkeiten und zeichnen sich in der Regel durch ihren Sinn für Humor aus. Sie können selbst den ernsthaftesten Menschen ein Lächeln entlocken.

Diese Menschen haben kein Problem damit, eine Führungsrolle zu übernehmen, und das spiegelt sich auch in ihrem Arbeitsbereich wider.

Sie haben jedoch ein Handicap bei der Erreichung ihrer Ziele, weil sie zu geduldig und zu tolerant sind.

Wenn sie diese Einstellungen kontrollieren, können sie leicht Erfolge erzielen.

In der Liebe zeichnen sie sich durch ihre Verführungskünste aus; sie lieben es, zu erobern und sind leidenschaftliche Liebhaber.

Manchmal sind es Menschen, die sich von ihrer autoritären Haltung hinreißen lassen und immer Aufmerksamkeit suchen, selbst wenn sie ein Drama machen müssen, um ihre Ziele zu erreichen.

Jungfrau - Widder Aszendent

Jungfrauen mit Widder-Aszendent sind normalerweise sehr energiegeladene Menschen.

Sie könnten die Qualität ihres eigenen Lebens und das Leben anderer verbessern.

Im Arbeitsbereich stellen sie sich Herausforderungen und begegnen ihnen mit Dynamik. Sie zeichnen sich durch ihren Perfektionismus aus, wenn es darum geht, Probleme zu lösen, was diese Menschen zu den richtigen Eigenschaften macht, auf die man als Arbeitskollegen zählen kann.

In der Liebe sind sie viel mutiger als andere Jungfrauen und gehen sogar so weit, dass sie ihre Ängste überwinden und sich, ohne zu zögern auf den anderen einlassen.

Sie sind jedoch Menschen, die in all ihren Beziehungen ein hohes Anspruchsniveau aufrechterhalten, was sich in der Kritik widerspiegelt, die sie ohne Zögern äußern, wenn ihnen etwas nicht gefällt.

Manche Menschen mit dieser Kombination neigen dazu, sich übermäßig mit Aufgaben zu belasten, die ihnen abgenommen werden könnten, wenn sie bei der Arbeit nicht so perfektionistisch wären.

Waage - Aszendent Widder

Die Waage mit Aszendenten im Widder konzentriert sich darauf, eine liebevolle Verbindung zu finden, die alle ihre Bedürfnisse befriedigt. Sie sind Menschen, die sich in der Gesellschaft anderer zufrieden fühlen.

Was die Arbeit betrifft, so sind sie gut gelaunte Menschen und sehr gute Kollegen.

In der Liebe sind sie zugänglich und unaufgeregt. Das macht sie aber nicht unterwürfig, denn sie sprechen aufrichtig und äußern ihre Meinung, wenn etwas nicht gut läuft.

Wenn das Gleichgewicht gestört ist, kommt die für das Zeichen Waage typische Unentschlossenheit zum Vorschein, die sich in unbedachte Handlungen verwandelt, die ihren Beziehungen schaden.

Skorpion - Widder-Aszendent

Skorpion mit Widder-Aszendent hat eine energiegeladene Persönlichkeit und Führungsqualitäten. Sie sind Menschen mit großer körperlicher Energie.

Ihre Persönlichkeit macht es schwer, sie zu überzeugen. Sie sind immer der Meinung, dass sie Recht haben, und können andere in der Regel von ihrer Meinung überzeugen, weil sie sehr klare Argumente haben.

Im Arbeitsbereich sind sie nicht nur stark, sondern auch sehr hartnäckig, was sie zu guten Arbeitern macht.

In ihren Liebesbeziehungen sind sie intensiv und feurig, und sie leben alles mit großer Intensität.

Sie können sehr aggressiv und autoritär sein und scheuen sich nicht, Risiken einzugehen.

Schütze - Widder-Aszendent

Schützen mit einem Aszendenten im Widder zeichnen sich als Menschen aus, die eine große Vielfalt an Erfahrungen suchen. Sie sind Menschen mit großer Vitalität und Wettbewerbsgeist.

Sie sind sehr idealistisch, was sich auch im Arbeitsbereich widerspiegelt. Die Wirksamkeit dieser Einstellung besteht darin, dass der Optimismus sie *dazu antreibt, diese Ideen zu verwirklichen und zu sehen, wie sie umgesetzt werden.*

In der Liebe sind sie unberechenbare Menschen, aber jeder mag sie. Sie sind Menschen, die Sex als ein wichtiges Element in ihrer Beziehung sehen, und wenn sie verliebt sind, sind sie ihrem Partner treu.

Steinbock - Widder-Aszendent

Ein Steinbock mit Widder-Aszendent ist ein Mensch, dem es sehr schwerfällt, seine Ziele aufzugeben.

Sie sind Menschen, die, wenn sie diszipliniert sind, alle Projekte und Ziele mit Leichtigkeit erreichen können. Allerdings müssen sie ihre Ungeduld, ihren Leichtsinn und ihren Mangel an Beständigkeit kontrollieren.

Normalerweise gehen sie bei der Arbeit sehr methodisch vor, planen alles und setzen es perfekt um, da sie in der Regel auch sehr gute Arbeiter sind. Aufgrund dieser Einstellung können sie sich in Führungspositionen etablieren.

In der Liebe sind sie ein wenig seltsam. Man weiß nie, was sie denken, und selbst wenn sie starke Gefühle für andere Menschen haben, halten sie sich zurück, während sie versuchen, diese für sich zu gewinnen.

Manche zeichnen sich durch mangelnde Disziplin und emotionale Kälte in ihren Beziehungen aus, was zu Einsamkeit führen kann.

Wassermann - Widder-Aszendent

Die Qualitäten des Wassermanns, seine Kreativität und Innovation, werden durch die Initiative des Widders verstärkt.

Auf der Arbeitsebene zeichnen sie sich durch ihre Originalität aus, indem sie Probleme mit Ansätzen lösen, die anderen Menschen nicht einfallen würden.

Sie sind praktisch veranlagt und sehr aktiv und zeichnen sich durch ihre Fähigkeit aus, eine Führungsrolle zu übernehmen. Da sie jedoch so kreativ sind, hassen sie es, eingeschränkt zu werden, da die Einschränkung ihrer Freiheit ihren Geist verarmen und zu katastrophalen Ergebnissen führen kann.

In Bezug auf ihre Beziehungen sind sie gute Freunde, respektieren den persönlichen Freiraum anderer und sind sehr gesellig.

Sie haben keine Angst zu sagen, was sie fühlen, obwohl sie idealistisch sein können. Manchmal langweilen sie sich in ihren Beziehungen und suchen nach neuen Liebschaften, die sie erobern können.

Manchmal sind sie leicht gestresst und wissen nicht, wie sie andere Meinungen als ihre eigene akzeptieren sollen, und werden ärgerlich, wenn jemand eine andere Meinung vertritt.

Fische - Widder-Aszendent

Menschen mit dem Sonnenzeichen Fische und dem Aszendenten im Widder sind ruhige Menschen, aber mit einer Menge Energie. Sie besitzen den Mut und die Courage zu kommunizieren und ihre beschauliche Welt zu verlassen. Sie sind viel kommunikativer als der durchschnittliche Fisch.

Das bedeutet nicht, dass sie Menschen sind, die sich von Zeit zu Zeit zurückziehen und isolieren wollen, um ihre innere Ruhe zu genießen.

Im Arbeitsbereich arbeiten sie am besten allein und sind Personen, die sich ihrer Arbeit leidenschaftlich widmen.

Vom sentimentalen Standpunkt ausgesehen, suchen sie nach der idealen Liebe, wie in einem Märchen. Diese Menschen sind charmant und sehr höflich.

Manchmal sind es Menschen, die dazu neigen, Süchte und schlechte Gewohnheiten zu entwickeln. Darüber hinaus können sie einen ständigen geistigen Kampf mit sich selbst führen, verwirrt sein und nicht wissen, worauf sie sich konzentrieren sollen.

Literaturverzeichnis

Einige Informationen wurden aus den von den Autoren veröffentlichten Büchern entnommen: Liebe für alle Herzen, Geld für alle Taschen und Horoskope 2022 und 2024.

Artikel im Nuevo Herald, verfasst von einem der Autoren.

Über die Autoren

Zusätzlich zu ihrem astrologischen Wissen verfügt Alina A. Rubi über eine reichhaltige berufliche Ausbildung; sie hat Zertifizierungen in Psychologie, Hypnose, Reiki, bioenergetischer Kristallheilung, Engelsheilung, Traumdeutung und ist spirituelle Lehrerin. Rubi verfügt über Kenntnisse in Gemmologie, die sie nutzt, um Steine oder Mineralien zu programmieren und sie in kraftvolle Amulette oder Talismane des Schutzes zu verwandeln.

Rubi hat einen praktischen und ergebnisorientierten Charakter, der es ihr ermöglicht hat, eine besondere und integrative Vision von mehreren Welten zu haben, die Lösungen für spezifische Probleme ermöglicht. Alina schreibt die monatlichen Horoskope für die Website der American Asociation of Astrologers; Sie können sie unter www.astrologers.com lesen. Zurzeit schreibt sie eine wöchentliche Kolumne in der Zeitung El Nuevo Herald über spirituelle Themen, die jeden Montag in digitaler und gedruckter Form erscheint. Er hat auch ein Programm und das wöchentliche Horoskop auf dem

YouTube-Kanal dieser Zeitung. Ihr Astrologisches Jahrbuch wird jedes Jahr in der Zeitung "Diario las Amerikas" in der Rubrik Rubi Astrologe veröffentlicht.

Rubi hat mehrere Artikel über Astrologie für die monatliche Publikation "Today's Astrologer" geschrieben und Kurse über Astrologie, Tarot, Handlesen, Kristallheilung und Esoterik gegeben. Auf ihrem YouTube-Kanal stellt sie wöchentlich Videos zu esoterischen Themen zur Verfügung: Rubi Astrologe. Sie hatte ihre eigene Astrologie Sendung, die täglich über Flamingo T.V. ausgestrahlt wurde, wurde von mehreren Fernseh- und Radiosendungen interviewt und veröffentlicht jedes Jahr ihr "Astrologisches Jahrbuch" mit dem Horoskop nach Sternzeichen und anderen interessanten mystischen Themen.

Sie ist Autorin der Bücher "Reis und Bohnen für die Seele" Teil I, II und III, einer Zusammenstellung von esoterischen Artikeln, die in Englisch, Spanisch, Französisch, Italienisch und Portugiesisch veröffentlicht wurden. "Geld für alle Taschen", "Liebe für alle Herzen", "Gesundheit für alle Körper", Astrologisches Jahrbuch 2021, Horoskop 2022, Rituale und Zaubersprüche für den Erfolg im Jahr 2022, Zaubersprüche und Geheimnisse, Astrologie Kurse, Rituale und Zaubersprüche 2024 und Chinesisches Horoskop 2024 sind in fünf Sprachen erhältlich: Englisch, Italienisch, Französisch, Japanisch und Deutsch.

Rubi spricht perfekt Englisch und Spanisch und kombiniert alle ihre Talente und Kenntnisse in ihren Lesungen. Sie wohnt derzeit in Miami, Florida.

Weitere Informationen finden Sie auf der **Website** www.esoterismomagia.com.

Alina A. Rubi ist die Tochter von Alina Rubi. Sie studiert derzeit Psychologie an der Florida International University.

Seit ihrer Kindheit interessiert sie sich für alle metaphysischen und esoterischen Themen und praktiziert Astrologie und Kabbala seit ihrem vierten Lebensjahr. Sie verfügt über Kenntnisse in Tarot, Reiki und Edelsteinkunde. Sie ist nicht nur Autorin, sondern zusammen mit ihrer Schwester Angeline A. Rubi auch die Herausgeberin aller von ihr und ihrer Mutter veröffentlichten Bücher.

Für weitere Informationen wenden Sie sich bitte per E-Mail an: **rubiediciones29@gmail.com**